育てにくい子に悩む保護者サポートブック

保育者にできること

高山恵子●監修

はじめに

子どもも保護者も、保育者もがんばっている

わたしは、カウンセラーという職業柄、たくさんの「保護者の涙」に出会ってきました。「自分の理想の育児ができずに悩み、周りからは『しつけがなっていない、お母さん、もっとしっかりして』と責められ、落ち込むばかりでした。ところがあるとき、初めて『お母さん、今までほんとうによくがんばってきましたね』と言ってくれる人がいて。そのひと言で、わたしは暗やみから開放されました」。

わたしは、このような話を聞くたびに、アメリカの保護者サポートプログラム（ペアレントトレーニング）を、「日本文化に合った形で活用できるようにアレンジしたい」と強く思い、実践を通して試行錯誤を続けてきました。このペアレントトレーニングは、ADHD（注意欠陥多動性障がい）のある子どもの保護者向けに考えられたプログラムですが、「子どもの気になる行動をどうとらえるか」という視点で親子関係をサポートするといった内容からも、ADHDのあるなしにかかわらず、すべての親子に生かされるプログラムであると実感しています。

また、最近は保育者対象の研修会で話をすることも増えてきました。その中で、多くの保育者のかたが「保護者と信頼関係を築くことが難しい」と悩んでいることがわかりまし

た。そこで痛感するのは、「保護者も保育者も、みんながんばっている、でもうまくいかない」という事実です。ある保育者のかたから、こんなお手紙もいただきました。「どうやってもクラスがまとまらず、また保護者との関係もうまくいかず、長年勤めた保育の仕事をやめようかと考えていました。でも今回、『セルフエスティーム』のことを知り、保育と保護者支援の手がかりがぱっと開けました……」。

ちょっと視点を変えると、保護者や子どもとの関係が改善することがあります。今、保護者が求めているのは、「わが子のためのオーダーメイドの子育て法」でしょう。そのためには、保育のプロであり、多くの子どもたちを支援する中で培われた皆さんの「子どもの特性や行動を見る力」が重要なのです。

今回、多くの人の協力を得て、「育てにくい子どもの保護者支援」のエッセンスを集めた本ができました。この本では、子どもの観察のしかたやかかわりかた、そして保護者自身の支援のヒントを、チェックリストやゲームを交えてわかりやすく紹介しています。保育者のかただけでなく、小学校や学童保育の先生、保健師やカウンセラー、民生委員のかたなど子育て支援にかかわる多くのかたに、ぜひ活用していただきたいと思います。また、支援者だけでなく、子育て中のお母さんやお父さんにも読んでいただきたいと思っています。不十分な点もたくさんありますが、ご感想・ご意見をいただき、皆さまといっしょにこの本を進化させ、ひとりでも多くの保護者の涙がうれし涙に変わっていくことを、心から願っています。

平成19年3月　高山恵子

もくじ

第1章

保護者サポートでたいせつなこと

子どもを理解し、保護者をサポートするうえで、
保育者ができること・求められていることはなんでしょうか?
親子の支援を実践していくうえで、
心に留めておきたい基本姿勢をおさえておきましょう。

お話 ● 高山恵子(えじそんくらぶ代表　臨床心理士)

なぜ保護者の支援が必要なのか？

わたしは、子育てや保育の目標は、「子どもの特性を理解し、その子が豊かな人生を送れるように支援すること」ではないかと思います。そしてその「特性」は、2つに分けられると考えています。

1「第一の特性」：生まれつきのもの

2「第二の特性」：育っていく過程で形成されるもの

ここで注目したいのは「第二の特性」。子どもたちの、その後の人生の豊かさに影響してくるこの特性には、特に乳幼児期の環境が大きくかかわってきます。

では、この時期に、子どもにいちばん大きな影響を与えるのはだれでしょう？　それはやはり、「保護者」ではないでしょうか。ですから、この時期の子どもの育ち（第二の特性の育ち）を支援するためには、保護者の支援・親子関係の支援も視野に入れて考える必要があるのです。

保育者に求められる役割

では、保育者だからこそできる親子支援には、どんなことがあるでしょうか。

まず、「毎日親子に会って、ようすを把握」できることが挙げられます。親子と毎日顔を合わせ、会話をする中でかいま見られる微妙な心の動きを察知することが、フォローにつながっていきます。また、日常的に接することで親近感が生まれ、例えば医師などの専門家には話しづらいことも、保育者になら、いつもの会話の延長でちょっと話してみようかな、と思えることもあるのではないでしょうか。

「その子の発達に合わせたこまやかな対応」ができるのも、保育者ならではでしょう。乳幼児期の発達理論と、日々の保育で養われる「子どもを見る目」で、個々の子どもの"今"の状況を、ていねいに保護者に説明することができます。

また、「同年齢の集団でのようすを理解したかかわり」ができるということも大きいでしょう。家庭では問題を感じないのに、入園し、集団活動を経験して初めて、落ち着きのなさや人とのかかわりの難しさが浮き彫りになってくることがあります。集団での難しさは、1対1で行う健診ではわかりません。また、大人や異年齢の子どもとはさほど問題がないのに、同年齢の子どもの集団に入ると目だってしまうことがあります。子どもとかかわる時間が長く、園との連絡が密な母親は比較的早くそのことに気づき、悩みます。しかし、家庭でのようすしか見ていない父親や祖父母にはそのたいへんさがわからず、母親と悩みが共有できないというケースがあります。そんな中、子どもの状態と母親の悩みを理解し、寄り添えるのはやはり保育者ではないでしょうか。

今、子育てに関する情報がインターネットや書籍ではんらんしています。しかし、保護者が求めているのは一般論ではなく、「わが子」への対応です。「うちの子を毎日見てくれている」保育者の存在は、とても大きいのです。

保護者支援のキーワード

保護者支援をテーマにした保育者研修で参加者から聞かれる意見や、わたし自身が保護者のカウンセリングを通して学んだことをもとに、いくつかキーワードを挙げてみました。この本のテーマである「親子支援」について、たいせつことは何か、考えるきっかけにしてみてください。

0 保育者自身の状態を確認

あなた自身がストレスを抱えているとき、どうも保育がうまくいかない、から回りして落ち込んでしまう……ということはありませんか？　自分の心身の状態があまりよくないとき、マイナス思考になってしまったり、思うように行動できなかったりするのは、保育者も保護者も同じ。自分のメンタルヘルスが良好でなければ、人を支援するのはとても難しいことです。まずは、保育者自身、ストレスがたまっていないかを確認することが、「保護者支援」の一歩を踏み出す大前提です。

また、一生懸命やっているのにうまくいかない、というときは、やりかたを変えてみるという柔軟性も必要です。子ども・保護者・社会の姿は日々変わり、多様化しています。以前やってうまくいったことが、今、うまくいくとは限らないのは自然なことなのです。

1 信頼関係を築く

自分が悩んでいるとき、どんな人に相談したいと思いますか？　「この人だったら自分の悩みを話してみたい」と思うとき、そこには、以心伝心による安心感や信頼感があるのではないでしょうか。逆に、「どうも話しづらい」と感じるときは、相手からの批判や否定、過度な励ましなどを避けたい気持ちがあると思います。保護者の場合、特に「子どものだめなところを言われるのではないか」という不安が大きいでしょう。

たいせつなのは、「この人だったら、どんな話でも聞いてくれる。時には話さなくても察してくれる」と思ってもらえるような関係、保護者から「自然に話したい」と思えるような関係を、時間をかけて築くことです。

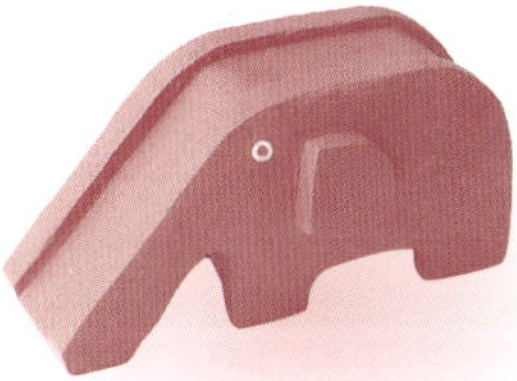

2 傾聴する

ただ人に話を聞いてもらえただけで安心できたという経験は、多くの人がしているのではないでしょうか。しかし、わたしたちは悩みを相談されるとつい、「こうしたらいいのよ」「それはこういう意味よ」などと言いたくなってしまう傾向があります。

感情があまり整理できていないとき、人は他人の意見を受け入れることが困難です。そういうときはむしろ、その消化できない気持ちや悲しみを吐き出すことが先。結論を急がず、保護者の話にじっと耳を傾けます。そして次に、保護者の悩みの原因がどこにあるのか、子どもの生まれつきの特性の問題なのか、親子関係から生じる問題なのか、それとも保護者自身の問題なのか……など考えてみましょう。できれば保護者が、話しているうちに自分で問題を明確化できるようになるのが理想です。

3 共感する

まず確認しておきたいのは、「立場が違えば、同じ思い・視点を共有するのは難しい」ということです。ただ、その違いを最初から強調しすぎると、保護者は離れていきます。そこには立場の違いを理解したうえでの「共感」がたいせつ。共感を示すというのは評価をすることではなく、その人の話を受け止めて寄り添うということです。

保護者が「〜が気になるんです」と言ったとき、安心させようと思って「お母さんだいじょうぶ、考えすぎよ」と答えてしまったら、それは共感にはならず、保護者には「わかってもらえなかった」という気持ちが残るでしょう。皆さんも、「それはよくあること」「だれだってそうよ」ということばに、寂しさや悲しみを感じたことはないですか?「そうですか、〜が気になるんですね」と保護者のことばを繰り返したり、ねぎらいのことばをかけるなど寄り添うことで、自分の気持ちを受け止めてもらえた、と相手が感じられることがだいじなのです。

4 相手の価値観を尊重する

保育者が保護者と連携したい、何か伝えたいと思うとき、それぞれの思いや考えにズレが生じ、それが保護者対応の悩みの原因になっていることも多いでしょう。

例えば、子どもの気になる姿をどうとらえるかは千差万別で、その人の成育歴・価値観・経験・今置かれている状況などによって違ってきます。そういった、個人のアイデンティティーの根もとになっている部分を強く否定されると、どんな気持ちになるでしょう。傷つき、相手に対して不信感が出てくるのではないでしょうか。何か保護者に伝えたいと思ったとき、相手の価値観を否定しない、「これはこうです」といった断言や、自分の価値観を押し付けない姿勢を、つねに忘れないことがたいせつです。

また、保育者が抱いている「母親観」「障がい観」などの固定観念が無意識に作用して、保護者にプレッシャーを与えてしまうこともあります。ときどき、自分の言動を、そういった視点で振り返ってみることも必要です。

5 保育者間で連携する

対応の難しいケースで、保育者が「ひとりでがんばりすぎる」という状況にならないよう、問題はつねに園のスタッフ全員で共有し、連携することがたいせつです。保育者がひとりで抱え込んで、「燃え尽き症候群」になってしまうのは、子どもにとっても園にとっても望ましくないことです。また、見かたが偏らないためにも、複数の目で問題をとらえ、客観性を持つこともだいじです。ただし、個人情報・守秘義務には十分注意しましょう。

次ページに、保護者が今、子育てで気になっていることを理解するための表を掲載しました。項目は、子どもが園などの集団に入ったときに気になることや、保護者自身のことなど、公の場で受ける健診では見落としがちな項目を、意識的に挙げています。親子の状況や園でのようすなどによって、ほかに必要な項目があれば付け加えてください。

このような確認をすることによって、保護者自身が自分の悩みを整理するきっかけとなり、また保育者にとっては、保護者の悩みの原因を知り、対応策を話し合ったり、園でどのような支援ができるかを検討したりする手がかりとなります。保護者から悩みを相談されたときや面談時に、いっしょにこの表のチェックを行って保護者の悩みを共有し、対策を考えるきっかけにするなど、活用してください。

ただ、このようなチェックをすることが、かえって保護者にとってプレッシャーになることもあります。また、尋問形式で機械的に行うことで、子どもをラベリングされたように感じるなど、気分を害する保護者もいます。この表はあくまでも「保護者が悩みを話すきっかけ作り」のひとつであり、評価するためのものではありません。あまり気が進まないようすが見られるときは使用を控えるなど、保護者の状態をよく見て行ってください

今、気になることはなんですか？

子どものことや自分のことなど、子育てで気になっていることを教えてください。

●子どもに関すること

気質面

- [ ] 反抗的
- [ ] 人見知りが激しい
- [ ] じっとしていない
- [ ] 公共の場で激しく かんしゃくなどを起こす
- [ ] ぼーっとして、行動が遅い
- [ ] 人の話を聞いていない

あそび面

- [ ] いつも同じあそびをしている
- [ ] 集団であそべない
- [ ] ルール（順番など）が守れない
- [ ] 大人がいないとあそべない
- [ ] 友だちとトラブルが多い

コミュニケーション面

- [ ] 視線が合わない
- [ ] ことばが出ない、遅い
- [ ] 一方的に話すなど、会話がかみ合わない
- [ ] 表情が変わらない

生活面

- [ ] ひどい偏食がある
- [ ] トイレ・着替えなどの身辺自立ができていない
- [ ] 生活リズムが乱れている
- [ ] 寝すぎたり、まったく寝なかったりする

健康・運動面

- [ ] アレルギー体質
- [ ] 体が弱い
- [ ] 運動が苦手、嫌い
- [ ] 動きが不器用

●自分に関すること

子どもとの関係

- [ ] 自分の子育てに不安がある
- [ ] イライラして子どもをどなることが多い
- [ ] かかわりかたがわからない
- [ ] 自分は子育てに向いていないと感じる

心身面

- [ ] 自分の心身の健康について不安なことがある
- [ ] 自分の時間がとれない
- [ ] ママ友だちとの付き合いが苦手
- [ ] 家庭内での悩みがある

第2章 親子関係をサポートする

保護者が「育てにくい」と感じる子ども。
保護者と保護者いっしょに、
子どもの言動をどう理解し、対応していったらよいか。
さまざまなケースを通して考えます。

解説 ● 高山恵子
ケース回答 ● 藤田晴美
（こでまり保育園地域子育て支援センター
主任保育士）

困った子ではなく、困っている子

子どもが「やってほしくない言動を繰り返す」「思ったとおりにならない」とき、保護者は「困った子」「育てにくい子」と感じてしまいます。それは、「どう対応したらよいのか」が、保護者自身わからないからだともいえます。では、その「困った子」自身の気持ちはどうでしょう。

大人が「困ってしまう」言動は、子どもが「わざと」やっているのではないかと感じるかもしれませんが、実は幼児期にそれは少ないのです。「わからない」でやっていたり、「うっかり」やっていることもよくあります。あまり意識せずに示した行動によってしかられるのでは、子どもは理由がわからず、「困って」しまうでしょう。そう考えると、大人の言う「困った子」は「困っている子」なのです。

「育てにくい」と感じたとき、まず保護者は、子どもをよく観察し、「なぜ、こういう言動を示すのか」と、子どもの目線で考えることができたら、対応が変わるかもしれません。今、子育てに悩んでいる保護者はとても多いのですが、意外にこの「子どもの観察」が不足していませんか？そこで保育者には、「子どもを見るポイント」を保護者に伝え、そこから導き出される対応について、いっしょに考えていくという役割が期待されます。「子どもが何に困っているのか」がわかり、適切な対応ができたら、きっと子どもは変わってきます。そして、子どもが変わることで「育てにくさ」が軽減すれば、保護者も少し楽になるでしょう。

マズローの欲求の階層

子どもを観察するうえで、まずたいせつなのは、子どもの「ありのまま」をとらえること。その際、知っておきたいのが、「マズローの欲求の階層」です。

アメリカの心理学者マズローは、「人間には5つの欲求がある」として、この5つの欲求をピラミッドのように表し、下から順に満たされるとよいと考えました。

なかでも乳幼児期にたいせつなのが、最初の4つの欲求です。基本的にこれら4つの欲求が満たされていないと、自己実現欲求（がんばろう、努力して自分を高め、貢献しようといった欲求）の段階に行くことができません。子どもがみずから「やろう」「やってみたい」と思えるように、「○○しなさい」と言う前に、最初の4つの欲求が満たされているかチェックしてみましょう。

マズローの欲求の階層

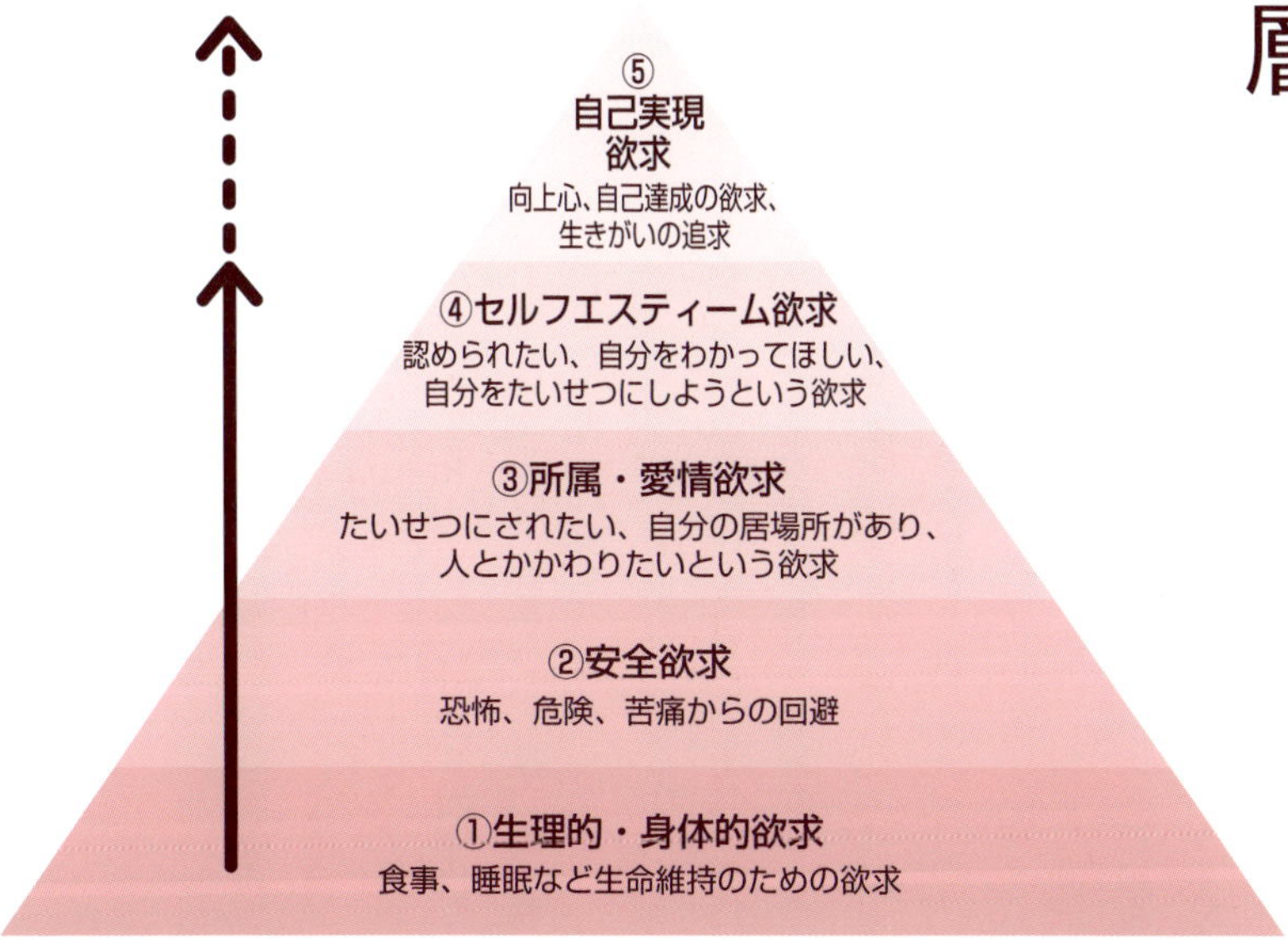
⑤
自己実現
欲求
向上心、自己達成の欲求、
生きがいの追求
④セルフエスティーム欲求
認められたい、自分をわかってほしい、
自分をたいせつにしようという欲求
③所属・愛情欲求
たいせつにされたい、自分の居場所があり、
人とかかわりたいという欲求
②安全欲求
恐怖、危険、苦痛からの回避
①生理的・身体的欲求
食事、睡眠など生命維持のための欲求

①生理的・身体的欲求

食事、睡眠、といった生命・健康維持に必要な、もっとも基本的な欲求です。

最近、文部科学省で、「早ね早おき朝ごはん」というキャッチフレーズが作られるほど、子どもの生活習慣の乱れが園や学校で深刻な問題となっています。食事をきちんととらないことが低血糖を招き、それによってアドレナリンが体内に放出され、一種の興奮状態になります。これが、集中できない、落ち着かないようすとして表れることもあります。

睡眠も重要です。深く質のよい睡眠をとると、自己コントロール力を高める物質が分泌されることがわかっています。規則正しい睡眠と食事を心がけるだけで、「問題行動」と思われるようすを示していた子どもの状態がとても落ち着いたという報告は、多数聞かれます。

次ページに、家庭での子どもの睡眠状況を確認する表を付けました。これを行うことで、寝る時間が遅いなどの問題に保護者が自分で気づき、改善するきっかけになります。

②安全欲求

これは、恐怖、危険、苦痛からの回避ということですが、乳幼児期で特に重要なのは、虐待の問題です。保護者が「しつけ」だと思ってやっている行為が、子どもに大きな苦痛を与えていることもあります。体罰などの身体的虐待だけでなく、しんらつなことばかけ、無関心な態度など、精神的に苦痛を与えることも含まれます。

特に、「困った言動」を繰り返しがちな「育てにくい子」の場合、保護者が厳しくしかり続けるうちに、それが虐待につながってしまうこともあります。また、周囲から「きちんとしつけのできない親」と見られ、そのプレッシャーから保護者が体罰という感覚ではなく、「しつけ」として子どもをたたくケースも少なくありません。

虐待を含めた不適切なかかわりについては、何より周囲が気づくことがたいせつです。特に、日々親子にかかわる保育者には、早期に気づき、適切な対応を行うことが求められています（具体的な対応については、104ページ参照）。

睡眠チェック表

	12	13	14	15	16	17	18	19	20	21	22	23	24	1	2	3	4	5	6	7	8	9	10	11	12	備考
1日																										
2日																										
3日																										
4日																										
5日																										
6日																										
7日																										
8日																										
9日																										
10日																										
11日																										
12日																										
13日																										
14日																										
15日																										
16日																										
17日																										
18日																										
19日																										
20日																										
21日																										
22日																										
23日																										
24日																										
25日																										
26日																										
27日																										
28日																										
29日																										
30日																										
31日																										

※子どもが寝ている時間帯を塗りつぶすなどチェックをすることで、子どもの睡眠状況がひと目でわかります。気づいたことを書き込めるような備考欄を設けてもいいでしょう。

③所属・愛情欲求

これは、家庭や園など、その子がいる場が安定すること、身近な人との信頼関係が築かれることで満たされます。乳幼児の場合は、保護者との信頼関係が第一でしょう。

子どもの話をきちんと聞く、ちょっとした変化に気づいて声をかける……こういったかかわりを心がけていれば、子どもは、保護者が自分のことを見ていてくれる、たいせつに思ってくれている、と実感することができます。

また、信頼関係を築くうえでたいせつなのが、

> **共感の公式＝「○○だから（感情の原因）**
> **△△なのね（感情を表すことば）」**

です。これは、相手の感情に焦点をあて、その感情をことばにするということです。特に、自分の気持ちを言語化しにくい子どもには、大人がその子の思いを読み取り、ことばで返していくことで、「自分はたいせつにされている」という安心感を得ることができます。また、感情に名まえがつくことが、子どもが自分の気持ちを理解することにつながり、人に共感する力を育てます。

いっしょにあそびたかったのに、だめって言われて、悲しかったんだね。
ひっく ひっく

一生懸命作ったのに壊れちゃったから、悔しかったんだね（だから投げちゃったんだね）。

④セルフエスティーム欲求

「セルフエスティーム欲求」は、「他人から承認などを得て、自分はたいせつな存在だと感じたい欲求」ともいえます。セルフエスティームについては、23ページから詳しく説明しますが、この欲求を満たすためにいちばんたいせつなのは「子どもが自分を肯定的に思えること」です。

子どもに肯定的なメッセージを送ることで、自己イメージが高まり、自分をたいせつにしようという気持ちが芽生えます。保護者が何げなく口にする「なんで、こんなこともできないの?」といったマイナスのことばは、子どもの自己イメージを低下させてしまうことがあるのです。

これまで述べた、４つの欲求が満たされているかどうかを確認することで、子どもの基本的な状態を確認できます。「困った言動」を示す子どもの検討の際、ひととおり確認しておくとよいでしょう。次ページに、簡単なチェックリストを示しました。懇談会や個人面談、園だよりなどで保護者に提示するとき、ケース検討や園内研修における保育者の子ども理解の話し合いなど、さまざまな場で活用してみてください。

マズローの欲求の階層
チェックリスト

子どもが、それぞれの項目を満たしている状態にあるか、イエスの場合チェックを入れてみてください。チェックできなかった項目については、その事がらを満たすための対応を、子どもの状況に合わせて考えます。その際、①（生理的・身体的欲求）から順に補っていくのが、望ましいでしょう。

①生理的・身体的欲求

- [ ] 毎日熟睡していますか？
- [ ] 睡眠のサイクルは安定していますか？
- [ ] 睡眠時間は十分ですか？
- [ ] 朝食は毎日食べていますか？
- [ ] バランスのよい食事をとっていますか？

②安全欲求

- [ ] 体罰を受けていませんか？
- [ ] 友だちから暴力を受けていませんか？
- [ ] 家庭は安心できる空間ですか？
- [ ] けがや事故などは少ないですか？

③所属・愛情欲求

- [ ] 家族にたいせつにされていますか？
- [ ] 親子関係が安定していますか？
- [ ] 園の友だち関係はうまくいっていますか？
- [ ] 保育者との関係が安定していますか？

④セルフエスティーム欲求

- [ ] よい形で注目されていますか？
- [ ] 人から認められていますか？
- [ ] 自分のことが好きですか？
- [ ] 自分はこれができるという自信がありますか？

※項目によっては、幼児では確認しづらい内容かもしれません。それぞれチェックする項目として必要かどうかは、各自で判断してください。特に④の「自己（セルフ）」という認識は、幼児期以降に大きく育つ感覚ですが、子どもを見るうえでとてもたいせつなことなので、今回項目に挙げています。

セルフエスティームとは

本書では、随所に「セルフエスティーム」ということばを使用していますが、それは、このことばが子育て、特に「育てにくい子」とのかかわりを考えるうえでとてもたいせつな概念だからです。

「セルフエスティーム」は、日本語では、「自尊心」「自尊感情」「自己評価」などと訳されていますが、原語の「self-esteem」には、もっと深い意味が含まれています。しかし、その深い意味を含めて「セルフエスティーム」を表現できる日本語はないように思います。それは、これまでの日本の文化では、この概念を重視しなかったからだとも考えられるでしょう。セルフエスティームは、「外見、性格、長所、短所、障がい、特技など、自分のすべての要素をもとに作られる自己イメージを客観的に見て自信を持ち、自分をたいせつにしようと思う気持ち」と言えます。したがって、セルフエスティームが高いということは、自己イメージが高く、自分は価値のある人間だと思うことができ、何か苦手なことがあっても、自分が好きでたいせつにしようという気持ちが強いということです。

この観点で「育てにくい子」を見てみましょう。大人にとって困った言動を示す子どもの場合、どうしてもしかられやすくなります。そして、しかられ続けることで子どもは、「自分はだめな子」と思うようになり、セルフエスティームが低下してしまいます。

つまり、育てにくい子、しかられやすい子こそ、セルフエスティームを上げるかかわりが特にたいせつなのです。

セルフエスティームを高めるには

セルフエスティームを高めるうえでたいせつな3つのポイントは、

- **マイナスの言動（頭ごなしにしかるなど）を減らす**
- **よいところ・がんばっているところを見つけて伸ばす**
- **「ありがとう」と言われる体験を増やす**

です。

　これらを理解するうえで参考になるのが、左の「自己評価の循環構造」の図です。基本的には、「ひとつひとつの行動が、褒められるなど認められることで自己評価が高まり、積極的な行動につながっていく」という循環構造ですが、ここで重要なのは結果ではなく、過程を認めるということです。わたしたち日本人は「褒めろ」と言われてもなかなか積極的にできない傾向がありますが、肯定的なメッセージには、ほほ笑みかけたり、優しくフォローのことばをかけたりということも含まれます。こういった思いやりのあるかかわりの積み重ねで、子どもは「自分はたいせつにされている」と感じられるようになります。このことは大人にも当てはまり、例えば夫婦関係がよくなったり、仕事で認められたりすることでぐっとセルフエスティームが上がることがあります。

　また、よいところばかりではなく「自分の短所・弱点を含めて自分が好きで、たいせつにしたいと思うこと」がだいじ。実際、失敗したときや心身が弱っているときこそ、セルフエスティームを高めるチャンスです。例えば、何かできないことがあっても、周囲から「失敗してもいいんだよ。がんばったことはよくわかっているよ」というように、努力した過程を認められたり、かぜをひいて元気がないときに優しく看病されたりするだけでセルフエスティームが維持され、「自分はたいせつにされている」と実感できます。

　一方、自己評価が低くなるにしたがい、積極的に行動しにくくなります。そうすると、何か成功を遂げても、それが自分の力だと実感できず、自己評価はなかなか上がってきません。これが「低い自己評価の循環構造」で、「うつ」などは、この循環に入ってしまっていると考えられます。

　また、このような状態では、失敗がさらなる自己評価の低下につながりやすく、そこで周囲からの叱責《しっせき》が加われば、セルフエスティームは下がる一方です。第1章でも触れましたが、このように環境によって形成されるセルフエスティームは、子どもの「第二の特性（育っていく過程で形成されるもの）」といえます。低年齢のうちは、褒められるとすなおに喜ぶことができ、自己評価は比較的上がりやすいのですが、成長に伴ってこの「すなおに喜ぶ」ということが難しくなります。また、低年齢でも、しかられ続けてきたことで自己評価が下がってしまっている子どももいます。傷の深さによっては簡単にいかない場合もありますが、周囲が、その子のよいところ、がんばっているところを見つけて認めていくことで、低い自己評価の循環から高い自己評価の循環に変換され、セルフエスティームにも少しずつ変化が現れてくるはずです。生きていく力の土台となるセルフエスティームを、幼児期にしっかり形成しておくことが、将来いじめや失敗、挫折《ざせつ》に直面したときに、それらをはねのける力となるのです。

●低い自己評価の循環構造

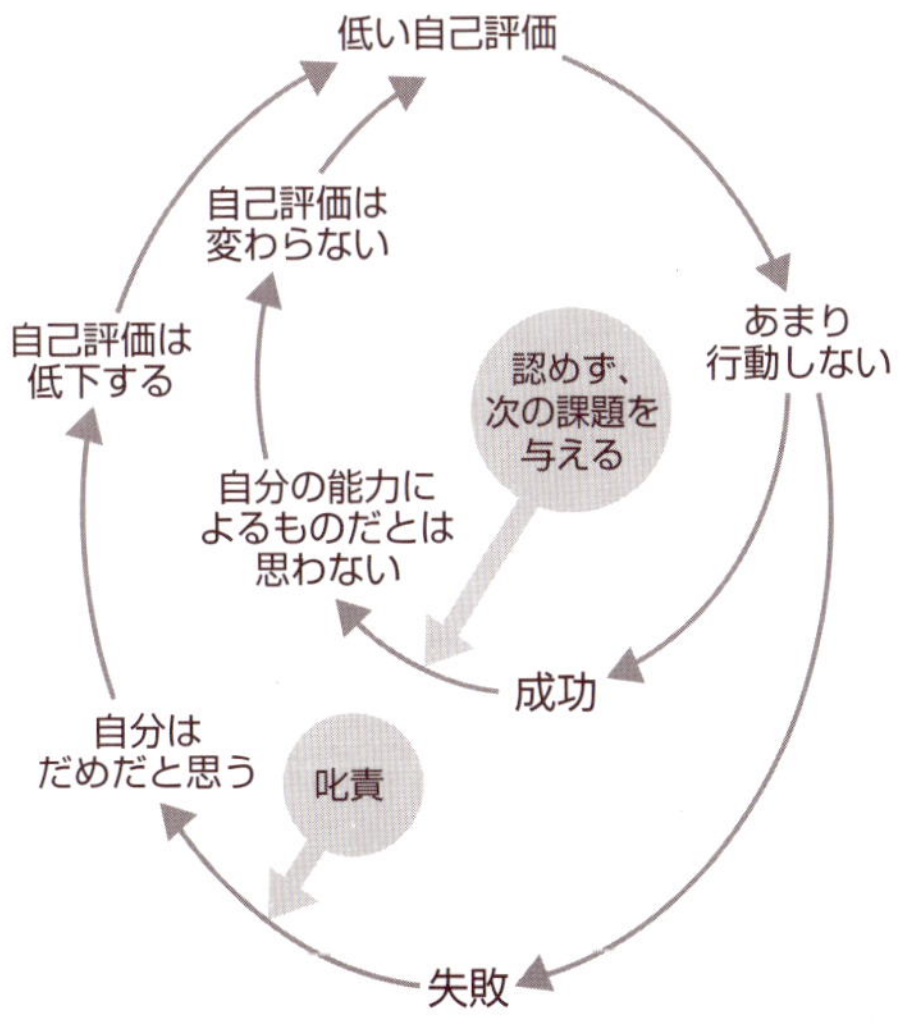
低い自己評価
あまり
行動しない
認めず、
次の課題を
与える
成功
自分の能力に
よるものだとは
思わない
自己評価は
変わらない
失敗
叱責
自分は
だめだと思う
自己評価は
低下する

●高い自己評価の循環構造

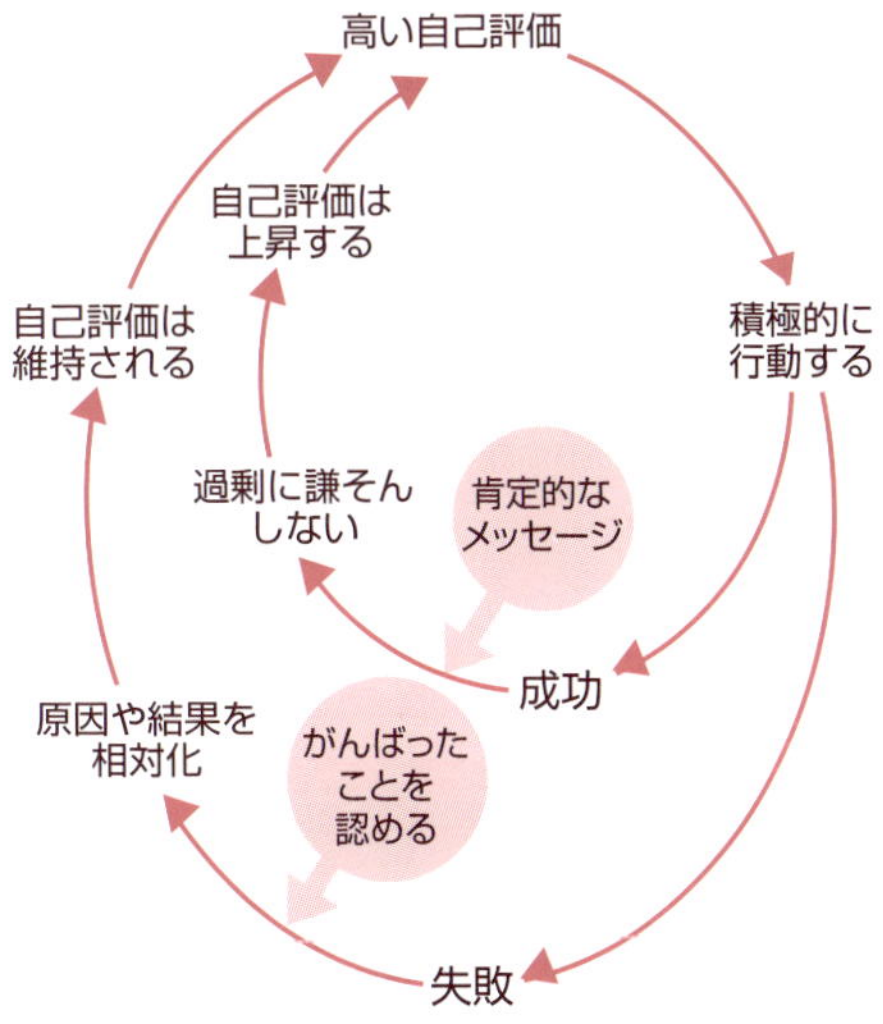
高い自己評価
積極的に
行動する
肯定的な
メッセージ
成功
過剰に謙そん
しない
自己評価は
上昇する
失敗
がんばった
ことを
認める
原因や結果を
相対化
自己評価は
維持される

※『自己評価の心理学―なぜあの人は自分に自信があるのか―』
著／アンドレ・クリストフ、ルロール・フランソワ　訳／高野 優（紀伊國屋書店）
掲載の図を一部引用・アレンジ

実践

事前の確認 → 保護者の話を聴く・子どもの観察
何に困っている?

子どもの言動を観察し、対応を考えよう

「育てにくい」「困った」と感じる子どもについて、その行動をどうとらえ、対応していけばよいのか、事例を通して考えていきましょう。

保護者の話を聴く・子どもの観察

保護者に子どもの困った言動を挙げてもらい、子どもを観察する。

事前の確認

まず、「保護者が本音で話したい」と思える態度、雰囲気を保育者自身が持っているか／保育者と保護者の信頼関係ができているか／保護者自身の精神面はどうか／子ども以外のことで深刻な問題を抱えていないか／ことば以外のメッセージに注目する　など
→不安な要因がある場合は、保護者自身のサポートを優先させる。（第３章参照）

保護者といっしょに考える

これまで「マズローの欲求の階層」に基づき、子どもの基本的な状態の観察について述べてきました。そこで、次に子どもを見るうえで焦点となるのが「子どもの言動の観察」です。これは、保育者が一方的にアドバイスするのではなく、保護者といっしょに行うことがたいせつです。

まず、保育者と保護者の信頼関係や、保護者自身の精神面など、保護者が保育者といっしょに子どものことを考えられる状態にあるかどうかの確認をします。気持ちの落ち込みがひどいときは、子どものことを考えるのが、かえってストレスになることがあるので注意しましょう。

そして、保護者が悩みを打ち明けたいとみずから思える

言動の分類
どうして？

言動の理由を、子どもの視点―「わからない」「うっかり」「わざと」―でとらえてみる。

検 討
どうしたらよい？

その親子に適した対応を考える。

実践・検証
やってみよう

導き出した対応を実践しながら、子どものようすを見守る。必要に応じて、再検討する。

わからない
どうしたらいいのか「わからない」
言われたことが「わからない」
気持ちが「わからない」
かかわりかたが「わからない」 など
← 大人がモデルになる、わかることばを使う など

うっかり
気が散って「うっかり」やってしまったり、できなかったりする
「うっかり」忘れる など
← 事前の確認、わかりやすい環境のくふう など

わざと
注目してほしくて「わざと」の言動、その言動によっていいことがあった記憶から「わざと」同じ言動を繰り返す など
← 1対1でかかわる時間を持つ、よい言動で認められる経験 など

関係が築けたら、話を聴く段階です。保護者に、「困った」と感じる子どもの言動を挙げてもらい、そのとき保護者自身はどう思い、どのような対応をしてきたか、話してもらいます。あくまでも、「尋問」にならないように気を付けましょう。また、必要に応じて、集団での子どものようすを保護者といっしょに見る機会を作ってもよいでしょう。

「わからない」「うっかり」「わざと」の視点で

次に、その「困った言動」について、子ども側に立ち、「どうしてなのか」を考えます。そのアプローチのひとつとして、子どもの言動が「わからない」ことからくるのか、「うっかり」なのか、「わざと（意図的）」なのか――という3つの視点での見直しをします。

例えば、「朝のしたくをしない」という「困った行動」があったとして、もしかしたらそれは、指示が理解できず今やるべきことが「わからない」のかもしれない、テレビなどに気をとられ「うっかり」忘れているだけなのかもしれない、親にかまってもらいたくて「わざと」ぐずぐずしているのかもしれない、というように、いろいろな可能性を

考えて、その子の言動をとらえ直してみるのです。

必ずしも1つの言動に1つの要因ということではなく、また、この3つでは説明のつかないこともあります。さらに、「わからない」にも「人の気持ちがわからない」「ことばの意味がわからない」など、いろいろな「わからない」があるように、1つの視点の中にもさまざまな意味が含まれています。たいせつなのは、3つに分類することではなく、いろいろな方向から子どもをとらえること。3つの視点は、子どもの思いに近づくためのきっかけのひとつと考えてください。

また、保育者はこの過程で、園での子どものようすや、保育者がその子どもをどうとらえて対応してきたかについて、保護者に伝えるようにします。

こうして、子どもの言動の要因が見えてきたら、それに応じたかかわりを考えていきます。この言動にはこの対応、というマニュアル化したものではなく、ひとりひとりの子どもや保護者の状況を考えたうえで、今、その親子に最適だと思われるかかわりを、できるところから実践していきます。そのとき、園ではどんなことができるか、ということも検討し、家庭と園とで連携をとりながら進めていきましょう。

試行錯誤しながら、かかわり続ける

なお、対応の過程において、「実践によって子どもはどのように変化したか」といった見直しを行うこともたいせつです。効果が表れたときには、親子ともに喜び合い、適切な実践ではなかったと思われたときにはまた検討し直す、というように、観察→検討→実践→検証（見直し）→実践……と、試行錯誤しながら、かかわり続けましょう。

このように、意図的に行ったかかわりによって子どもの状態がよい方向に変わってくると、保護者も子育てに自信が持てるようになってきます。そして、子どもに抱いていた「育てにくさ」が軽減することも期待できます。

次ページからは、具体的なケースを通して、観察と対応のヒントを出していきます。「自分だったらこの親子にどうかかわるだろう」と、考えながら読み進めてください。

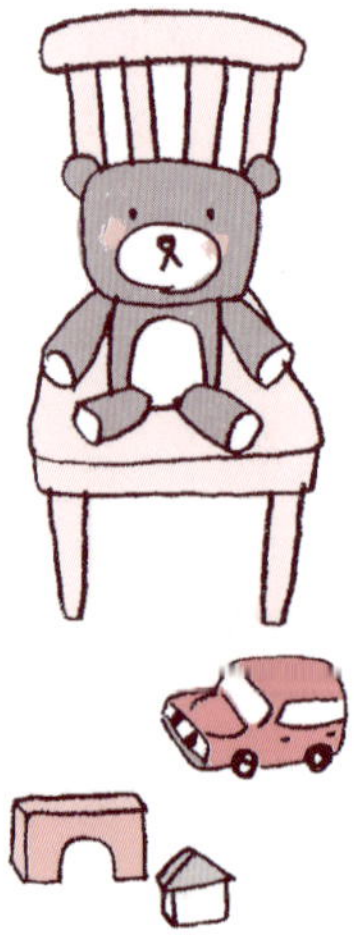

Case 1 どうしたらよいか「わからない？」

握ったものは、なんでも投げてしまうAちゃん

2歳

親子のようす

食事中、はしやスプーンを投げてしまい、「だめ」としかると、ご飯茶わんまで投げるなどエスカレートしてしまう。家庭でも同じようすで、母親は、おなかがすいていないからあそぶのかと思い、おやつを減らしたり好きな物を作ったりとくふうしているが、まったくよくならない。

おもちゃも、次々と違う物を出し、あそばずに投げるだけ。家中におもちゃが散らかってしまう。母親は、どうせあそばないのだからと思い、見えないところにしまっているとのこと。

対応のヒント

「投げる」という行動が出てしまう場合、「言いたいことが表現できない」また、「投げることを悪いと思っていない」といったことが考えられます。このようなときは、**思いをことばで表現できるよう、大人がリードして言語化を進め、正しい行動を知らせることが必要です。**ただ、言語化については、年齢や発達の個人差も考慮し、焦らずに進めます。Aちゃんのようすは、家庭と園とでほとんど同じようなので、互いに情報交換をしながら、今後の対応を考えていくとよいでしょう。

まず、食事については、お母さんが言うとおり、おなかがすいていないのかもしれません。Aちゃん自身、**どうしてよいかわからないから、スプーンやはしを投げてあそんでいるのではないかととらえ、どうしたらよいのかを、Aちゃんにわかりやすく伝える方法を考えましょう。**例えば、スプーンなどを投げたときには、投げたことをしかるのではなく、「おなかがいっぱいになったんだね。ごちそうさましよう」と言って、片づけてしまいます。そうすることで、「おなかがいっぱいになったら『ごちそうさま』と言う」ことがわかってきます。今やっていることをやめてほしいと思うと、つい否定的なことばをかけてしまいますが、**「○○してはだめ」ではなく、「△△しようね」というように、何をしたらよいのかがわかることばかけがだいじです。**

また、ご飯を食べているときには、「ちゃんと食べているね。おりこうだね」と、そのつど、**できていることについて、「それでいい」と伝えます。**よい行動が出ているときに肯定的なメッセージを伝えることは、とても重要。肯定的なメッセージは、ことばで褒めるだけではなく、にっこり笑う、「よくできたね」と言って肩を優しくたたくなど、いろいろな方法があります。ただ、ことば以外のメッセージの理解が苦手な子の場合は、ことばで伝えましょう。

次におもちゃについては、年齢的なことを考えても、**まだそれほど集中してあそべる段階ではない**でしょう。そこで、園でのあそびコーナーのくふうやかかわりかたを、保護者に伝えるとよいかもしれません。

怒りながら片づけをしていると、親子ともにストレスになってしまうので、**この場所なら片づけずに出**

しっぱなしでもよいという「Aちゃんの場所」を作ってはどうでしょう。余裕があれば1部屋、なければ部屋の隅にコーナーを作り、じゅうたんを敷いたり、テープで線を付けたりしてわかりやすくします。じゅうたんをAちゃんの好きな色にしてもよいでしょう。そして、決めた場所であそべているときには、「おりこうだね、Aちゃんの場所いいね」と伝え、その場所以外におもちゃを広げたときは、「Aちゃんの場所はどこだったっけ?」と質問します。このように、**しかられたからではなく、本人が自分で気づくことがたいせつ。**Aちゃんが気づいて、保護者が「そうだね」と言う、その繰り返しで、「あそぶのはこの場所」と意識するようになります。あそび場が固定されることで、家中におもちゃが広がることも少なくなるでしょう。

おもちゃを投げたときも、しかるのではなく、保護者がAちゃんのそばに行き、人形を抱いて「お人形さんかわいいね」と言うなど、優しくあそぶ姿を見せます。Aちゃん自身、投げているという意識ではなく、次々と目に入る物に興味を持ち、持ち替えているだけだと思うので、**大人がモデルを見せることで、おもちゃの扱いかたがわかってくるでしょう。**

Point

- 思いをことばで表現できるようにかかわる
- 大人がモデルになり、正しい行動を知らせる
- 否定的なことばはかけず、よい行動が出たときには肯定的なメッセージを送る

Case 2
指示が「わからない？」

大人の言うことを、まったく聞かないBくん

4歳

親子のようす

おもちゃを次々出しては、出しっぱなしで片づけない。保護者はいつも「片づけなさい」「早く、きれいにして」と言っているが、まったく片づけようとしない。片づけたとしても、とても乱暴なので、「もっと優しく」「だいじにしなさい」と言ってもだめ。

また、出かける前などは急いでほしいので「早くしなさい」と言うが、あそびながらのんびり片づける、という状態。保護者は、何を言っても聞かないBくんに、どうしたらよいのか困っている。

対応のヒント

保護者は、Bくんに対して、一度にたくさんの要求をしています。最初の要求は「おもちゃを片づけること」ですが、「早く」「きれいに」「優しく」「だいじに」と次々と要求が加わっています。**1つ1つ指示を出すようにしないと、子どもは「自分は何をすればいいのか」と、混乱してしまうでしょう。**そして、何もできずにいると、怒られてしまうため、「片づけ＝怒られる＝いやなこと」になりがちです。

では、どう伝えるかということですが、**やってほしいことを保護者がやってみせながらことばを添える**ことで、理解しやすくなります。

例えば「片づける」ということについては、「Bくん、おもちゃを片づけようね」と声をかけ、保護者が片づけます。最初は、Bくんは1つ片づければよいという目標から始めるとよいでしょう。保護者は片づけながらも、ときどき、Bくんの目の前におもちゃ箱を差し出してみてください。それでもし片づけたら、「すごい、おりこうだね」と褒めます。

そして最後の1つになったときに、「最後の1つだね、はい」と言ってBくんに手渡してみます。それで片づけることができたら、「Bくん、すごい、お片づけできたね」「きれいになって気持ちいいね」などと言い、「片づけたらきれいになる」「きれいになることはよいことだ」と思えることばも添えましょう。

また、「優しく」「だいじに」ということについては、Bくんがたいせつにしているおもちゃを保護者が優しくだいじに扱い、「これは、Bくんのだいじな○○だから優しく片づけよう」など、伝わるようにことばにしながら行うとよいでしょう。急いでほしければ、保護者が「たいへん、急がなくちゃ遅れちゃう」「急いで片づけよう」などと言いながら、急いで片づける姿を見せます。「急ぐ」とはどういうことなのかを行動で示し、どうして急がなければいけないのかを、Bくんにではなく、保護者が自分に言い聞かすように言うのです。

このようなかかわりすべてにおいて重要なのは、無理にやらせないということ。今日できなくても、あしたできるかもしれません。子どもが、**「片づけ＝楽しい＝いいこと」と思えるようにかかわることがたいせつです。**

大人が、**「自分のことばを子どもは理解できていなかったのかもしれない」ということに気づき、わかりやすい伝えかたに配慮してかかわる**ことで、少しずつ子どもの姿が変わってきます。すると、今まで注意ばかりしていた保護者も、子どもを褒めることができるようになり、子どもは肯定的なメッセージがうれしくて、積極的にやろうとします。このようなかかわりを続けたことで、「子育てが少し楽しくなってきました」と話すお母さんもいます。

Point

- 「ことばの意味が理解できていないのかもしれない」という視点を持ってかかわる
- 一度にたくさんのことばで要求しない
- 「やってほしいこと」を実際にやってみせ、ことばを添える

+α 解説

伝わりにくいことば

「子どもが言うことを聞かない」と悩むケースの中には、子どもが大人のことばを理解していないことが原因、という場合が意外と多いようです。どんなことばが伝わりにくいのか、具体例を挙げながら解説します。

言うことを「聞かない」のではなく「わからない」のでは？

「この子は何度言っても、まったく言うことを聞かない」と思ったとき、その子どもに対してどんなことばをかけているか、振り返ってみるとよいかもしれません。というのも、大人が自然にかけていることばの中には、子どもに伝わりにくいことばが意外に多く、耳に入ったとしても理解していないことがあるからです。ことば自体が理解されていなければ、何度言っても互いにストレスになるばかりです。

では、どんなことばが伝わりにくいのか、またどのようにしたら伝わるのか、考えてみましょう。

なお、子どもの発達のスピードはそれぞれ違い、特に幼児期は、言語面の認知に関して、個人差が大きい時期です。次ページから紹介する具体例は参考にしつつも、ひとりひとりの発達段階を把握し、「その子どもによりわかりやすいことばを」と、つねに意識していくことがたいせつです。

指示語がわからない

「それ取って」「これ片づけて」など、つい使ってしまうが、「これ」「それ」「あれ」「どれ」といったいわゆる「こそあど」ことばは、子どもにとってはわかりにくい。

「おもちゃを箱に入れて」「お皿を取って」など、目的語を具体的に言う。また、「車のおもちゃ」「黄色いお皿」など、より細かく説明したり、その行為を大人がやって見せながら言うなど、子どもの理解度に合わせて、より伝わりやすいくふうをするとよい。

抽象的なことばがわからない

「たいせつに使って」「仲よくしなさい」……これらもよく子どもに言ってしまうが、抽象的でわかりにくいことば。

「本は破らない」など、具体的に伝える。ただ、このような抽象的なことばも、少しずつわかるように伝えていく必要がある。その場合、子どもが本を破っているときに「絵本はたいせつにしなさい」と言っても、破ることがよいのか、悪いのか、どうすればよいのかわからない。たいせつに扱っているときに、「絵本をたいせつにしてえらいね」などと、ことばをかけていくようにするとよい。

省略するとわからない

「早くしなさい」「行ってきなさい」といったことばは、目的語などが省略されているため、何を早くどうするのか、どこに行くのか、わからない。

「ごはんを早く食べよう」「トイレに行ってこよう」など、何をどうするのかを、省略せずに具体的に言う。なお、「早く」「ゆっくり」「少し」「たくさん」などの「程度」を表すことばも、伝わりにくいことがある。数字で示したり、分量が目で見てわかるなどのくふうも考えるとよい。

ほんとうの思いとことばにギャップがある（ダブルバインド）

大人はよく「かってにしなさい」と言い、ほんとうにかってにすると怒るということがある。これでは、「かってにしなさい」と「かってにするな」という相反する2つのメッセージを同時に送っていることとなり、これをイギリスの人類学者グレゴリー・ベイトソンが「ダブルバインド（板ばさみ）」と呼んだ。さらに「好きにしなさい」と言うと同時に「怖い顔」という否定的なメッセージを与えたり、少し時間をおいて「そんなことはするんじゃない」と、さっき言ったことを撤回するようなことを言われると、子どもは混乱する。

ほんとうにしてほしいことを、「○○してね」などとシンプルに伝える。今後、「状況を把握して相手の思いを察する」ことができるようになると、「人は感情的になると『かってにしろ』と言うが、それは本心ではない」と理解できてくる。しかし、幼児の段階では、まだそこまでわからないので注意が必要。

※参考文献…『あなたが変わると子どもが変わる』著／岸 英光、高山恵子（えじそんくらぶ）

Case 3
相手の気持ちが
「わからない？」

人のいやがることを平気で言ってしまうCくん

4歳

親子のようす

　とても人なつこく話好き。だれにでも話しかけるが、「おじさん、どうして髪の毛ないの？」「おばさん、太ってるね」など、相手のいやがるようなことを平気で言ってしまう。保護者は、「まだ小さいので、周りの人は笑って許してくれていますが、このままだと、友だちもいなくなってしまうのではないか」と心配している。

対応のヒント

保護者はCくんに「相手のことを考えて話をする」ようになってほしいと願っていますが、今のCくんは、思いついたことをすぐことばにしてしまいます。本人はまったくそれを悪いことと思っていないので、「そんなこと言ったらだめ」と言われても、なぜだめなのかわからず、「いつも怒られる」としか思っていないでしょう。

では、どうしたら理解できるのかということですが、まずその子が**「いやな気持ち」ということがわかっているかどうかの確認**が必要です。**相手の気持ちを知るためには、まず自分の気持ちを知らなければならず、**例えば、友だちにおもちゃを取られたとき、「(おもちゃを取られて) いやな気持ちになったんだね」というように、気持ちをことばに込めて伝える段階が必要です。こうして、**感情にことばをつけ、「いやな気持ち」を、実感を通して理解することができたら、今度は、それを相手の気持ちに置き換える**段階になります。例えば、Cくんが友だちのおもちゃを取ったことで相手が泣いてしまったとき、「○○ちゃんは、おもちゃを取られて悲しかったんだね」などと、Cくんが体験を通して感じた「いやな気持ち」とつながるように伝えていくことで、少しずつ理解できるようになってきます。

さらに、もっと具体的に知らせるとしたら、**「保護者自身が言われていやだったこと」を、ていねいに伝える**とよいかもしれません。「○○って言われたら、お母さんはいやだった。そのことはもう言わないでほしい」といった感じです。するとCくんは、「どうして？」と聞いてくると思います。そのとき、そのまま理由を説明しようとすると、長くなってしまい、Cくんには理解できないかもしれません。「とてもいやな気持ちになったよ」と、繰り返し伝えるだけでよいでしょう。

「髪の毛がない」「太っている」といったことばのときは、まず保護者が相手に謝ります。「見た目について言われたことで、いやな気持ちになる」というのは、子どもには実感しにくい内容かもしれません。実例を挙げて伝えようとしてもCくんくらいの年齢では、自分の思いに置き換えることが難しいからです。この場合は、「それは言ってはいけないことば」「相手の体のことは言わない」というように、**ひとつのルールとして伝える**のがよいでしょう。子どもによっては、保護者が謝る姿を見て、「これは言っちゃだめなんだ」とわかる場合もあります。

また、少しことばの理解力がある子どもは、「それは心のことば、思っても言ってはいけないよ」という言いかたでも、わかるかもしれません。これが理解できるようなら、子どもの発言に対して、大人が**「それは心のことば」「これは言ってもいいことば」と分ける**ようにすると、少しずつ、その違いがわかってきます。そしてしだいに、自分で考えるようになり、「○○は、言っていいの？」「心のことば？」と聞いてから話す姿が見られることもあります。

Point

- 自分の「いやな気持ち」を相手の気持ちに置き換えられるようなかかわりを
- 理解の難しい内容は、「○○は言ってはいけない」と、ルールとして伝える

Case 4

人とのかかわりが「わからない？」

暴言・暴力が激しいDくん

5歳

親子のようす

最近転園してきたDくんは、初めて会った人に「バーカ」と言ったり、「うるせー」「死ね」と暴言を吐いたり、物をぶつけたりする。保育者に対しても同様で、しかると、よけいに暴言・暴力が激しくなる。前園でも、ほかの子への暴力が目だったため、保護者は、担当保育者から「家庭でもきちんとしつけてほしい」と言われ続けてきた。母親は、しかっても言うことをきかないDくんにどうしてよいかわからない、と悩んでいる。

対応のヒント

子どもの暴言・暴力があったときたいせつなのは、**「そういう言動でしか表せないのはなぜだろう?」と考えてかかわる**ことです。Dくんは、人とかかわりたい気持ちはあるものの、人に何か言われるとすなおに聞けないところがあるようです。この場合、過剰なことばかけは慎み、**「どうしたらよいか」を自分で考えるきっかけを作るとよいかもしれません。**

例えば登園時、保育者は、Dくんに何を言われても冷静に笑顔で「おはよう」とだけ言います。何をされても困った顔はせず、「さーて、次は何をしてあそぼうか」などと、Dくんが好きそうなおもちゃを出します。「バーカ」などと言いながらも楽しそうにあそんでいるときは、「Dくん、じょうずにあそべるね、すごーい」と褒めるようにします。

このような保育者の対応を保護者にも見てもらうとよいでしょう。そして、**「困った言動には、かかわらないようにしますが**、Dくんがあそべる状況を作ることで、無視されるよりはいっしょにあそびたいと思い、あそんだら褒められたなど、**プラスの注目を受けるほうがうれしいと思えればいい**のでは」と、保育者の対応の意図を説明します。

Dくんの暴言・暴力は、相手が憎くてやっているわけではないようですが、周囲からすると「よくない言動」になってしまいます。そこで、それをその場に応じた「よい言動」に置き換えていく必要があります。そのためには、**「適切な言動をすれば認められるし、自分もうれしい」ということを、毎日のかかわりの中で、繰り返し経験することがたいせつです。**

このようなかかわりを検討する際には、次に述べるような「行動分析と整理」をすると、より必要な対応が見えてきます。

子どもの行動分析と整理

子どもの日常の行動を思い浮かべ、それらがどういう行動かを分析して整理することで、見かたが変わったり、適切なかかわりかたが見えてきます。次のような視点で行ってみましょう（園で保護者向けに取り入れる場合は48～49ページ参照）。

まずは、子どもの「好ましい行動」に注目します。そして、子どもがそのような行動をしたときに、褒める・認めるなどの対応を行っているか、大人側のかかわりも振り返りましょう。

そして次に、子どもの「好ましくない行動」を考え、2つに分析します。

①すぐ止めるべき行動

相手を傷つける・自分を傷つける・公共物を壊す　など

②それほど緊急性のない行動

暴言・泣き続ける・机の上に乗る・なんでも触る　など

①は、体を使ってでも止め、②はあえてことばをかけず、よい行動が出るまで待ちます。そのとき重要なのは、子どものその好ましくない行動に注目しないということです。また同時に、どうしたらその行動が改まるかと考え、環境や大人のかかわりも見直しましょう。そしてよい行動が見られたら、すぐに褒めるなどプラスの注目をする――これが基本的な対応です。

このように、行動を分析したうえでのかかわりで子どものようすが変わってくると、しだいに保護者も子育てに自信が持てるようになってきます。

Point

- 「暴言・暴力でしか表せないのはなぜか」と考える
- 子どもが自分で考えるきっかけを作る
- 子どもの行動を分析して、かかわりかたを検討する

+α 解説

行動分析から対応を考えよう

case4では、子どもの行動を分析し、対応を検討する方法を紹介しました。ここでは、その行動のとらえかたと対応について、もう少し詳しく考えていきましょう。

よい行動に注目することから

子どもが気になる行動を示したとき、大人は、「どうしたらその行動が改まるか」と考えます。そして、しかる、言い聞かせる、といった方法で、なんとかわからせようと一生懸命になります。しかし、子育てにおいてたいせつにしたいのは、マイナス面よりプラス面。まずは、子どものよいところに注目することを考えてみましょう。

保護者は、よく「うちの子は褒めるところがない」と言います。しかし、ひとりで起きた、自分で靴を履いた、というように、ささいな事がらで十分。幼児は、まだ「何がよい行動か」が自分ではわからないことが多いので、プラスの注目は、「よい行動は何かを具体的に理解し、その行動を増やす」ためにも、とてもたいせつなのです。

また、ほほ笑んだり抱き締めるなど、ことば以外のメッセージを送るのでも十分。幼児期にこのような「肯定的な体験」を多くしておくことで、セルフエスティームも高まります。

ただ、年齢が上がるにつれ、「褒めること」だけでは不十分になってきます。その子どもの年齢や性格、そのときの状況や思いなど、さまざまなことを考え「認められている」という自信につながるかかわりが必要。また、褒めかたによっては逆効果になることもあります。次の3つのポイントに注意しましょう。

●褒めるときのポイント

●結果ではなくプロセスを褒める

「かけっこで1番になったの、すごいね」より、「毎日一生懸命練習したから、速く走れるようになったんだね。えらいね」というようなことです。この「プロセスに注目する」ことは、年齢が上がるにつれて特にたいせつになってきます。セルフエスティームの解説でも触れましたが、何か失敗したときでも、過程における努力や前向きな行動を周囲に認められることで、本人の自己評価は下がらずにすみます。また、ある程度年齢が上がってくると、評価ばかりを気にして不安になったり、褒められてもあまり喜びを感じられなくなることもあります。「がんばった」という実感があることで認められたほうが自信になりやすく、自己評価も高まるのです。

そう考えると、周囲の大人は、子どもがどんなふうに取り組んだか、その過程をしっかり把握しておくことがたいせつでしょう。

●皮肉を入れない

子どもがよい行動を示したとき、「珍しいね、雪が降るんじゃない？」「いつも、こうだったらいいのに」というような皮肉めいたことばをかけると、せっかく褒められても、子どもはすなおに喜べません。何がよかったのかを、シンプルに伝えるようにしましょう。

●他人と比較しない

「Aちゃんよりうまくできたね」というように、友だちやきょうだいなど、ほかの子どもと比較して褒めることはやめましょう。まず、比較された本人が目の前にいる場合、その子のセルフエスティームが下がります。また、褒められた本人にとっても、決してプラスではありません。なぜなら、「他人と比べて自分を評価する」という感覚が身に付くと、自分が失敗したとき、「ほかの子より自分は劣っている。自分はだめだ」といった思いに陥りやすく、セルフエスティームの低下につながってしまうからです。特に、一生付き合うことになるきょうだいと比べることは、絶対に避けてください。

比較するとしても、本人の少し前の状態と比べて褒めるようにしましょう。例えば着替えのときなど、「3歳のときは、お母さんに手伝ってもらっていたのに、今は全部1人でできるようになったね。すごいね」というようなことです。

好ましくない行動への対応は

そうはいっても、子どもはいつも好ましい行動ばかりを示しているわけではありません。43ページで述べたように、好ましくない行動の中でも「それほど緊急性のない行動」への基本的対応は、「あえてことばをかけず、よい行動が出るまで待つ」ですが、その後のかかわりかたも含めたさまざまな対応を挙げてみました。子どもの行動の内容や状況に照らし合わせて考えてみてください。

●視点を変えて見直す

まず、その行動がほんとうに好ましくないことか、確認します。27ページで示したように、「わからない」「うっかり」「わざと」という子ども側の視点で行動を見直すのも、ひとつの方法。

また、時として世間体や保護者の価値観で「好ましくない」と決めつけていることがあります。見かたを変えることで保護者自身が、「しかるほどのことではない」と気づくことがたいせつです。

●すぐにかかわらずに見守る

絶対にやめさせなければいけない行動でなければ、すぐに声をかけたりせず見守るのが基本です。そして、少しでもよい行動が見られたら、すぐに褒めます。そうすることで、何がよくて、何がよくない行動なのか、子どもが自分で気づく練習にもなります。

●近くで静かに話す

注意が必要なときも、大声を出したり感情的になったりしないように気を付けましょう。また、何かしながら片手間にではなく、しっかりと子どもに向き合い、静かに話します。そうすることで、子どもには「自分に話をしている」ということが伝わり、話を聞く態勢も整います。

●わかりやすく、繰り返し伝える

くどくどと話しても、小さい子どもにはすべてを理解することは難しいでしょう。また、子どもによっては、あいまいなことばや表情などを受け取りにくいこともあります。伝えたいことは、「○○しようね」と、簡潔なことばで、繰り返し言うようにしましょう。

●否定形で伝えない

やってほしくないことを伝えるとき、「走らない」ではなく「歩こうね」、「それは開けちゃだめ」ではなく「そのままにしておいてね」というように、肯定形で伝えるようにしましょう。

●好ましくない行動への対応のポイント

●選択肢を与える

好ましくない行動を、よい行動に転換させるというかかわりもたいせつです。このとき、「○○にする?」「△△にする?」というように子どもに選択肢を出し、どちらかに決めてもらうとよいでしょう。すると、子どもの意識としては、指示されたのではなく、自分で選んだ行動ということになります。

こういったことを繰り返していると、しだいに選択肢を出されなくても、自分でどうしたらよいのかを考える力が付いてきます。

●予告する(ルールの確認)

いつも同じような行動を繰り返す場合、どのような状況になると、その行動が現れるか、といったパターンがわかってきます。

その場合は、「スーパーではどうする?」「おやつの前には、何をするんだっけ?」というように、事前に確認をします。そうすることで、ルールを思い出し、やりたいけどがまんするなど、自分をコントロールする力が、少しずつ付いていきます。

●人格を否定しない

年齢が低いほど、「そんな子はママの子じゃありません」というようにしかられると、相手から嫌われていると思いがちです。注意をするときは、「あなた自身が悪いのではなく、あなたの示すこの行動が悪い」というメッセージをしっかり伝えましょう。「あなたは何をやってもだめね」といった、人格を否定するようなことばも禁物です。

「褒める」「注意する」といった対応は、信頼関係ができていてはじめて成り立つものです。なぜなら、子どもは信頼している相手だからこそ、褒められるとうれしくて、また褒めてもらえるようにと、その行動を繰り返すからです。

ただ、その思いがマイナスに働くこともあります。大人に注目されたいと思ったとき、確実に振り向いてもらえる行動――大人が「やめさせなければ」と思う行動を「わざと」してしまうことがあるのです。親子の信頼関係がうまく築かれていないと、このような好ましくない行動がエスカレートしていく心配があります。

そういう場合、好ましくない行動には注目せず、よい行動を見つけて褒めることが必要です。子どもには、「よい行動で注目される」という経験がたいせつなのです。

やってみよう！

子どもの行動分析と整理

これまで解説してきた行動分析と対応については、園の懇談会や個人面談のほか、保育者の園内研修としても活用できます。各園の状況に合わせ、アレンジして行ってみてください。

進めかた

懇談会などのグループでも、個人面談でも行うことができるが、基本的に保育者が進行する。

Point

●そのときのメンバーや状況を考慮して、進めかたは自由にアレンジする

●「好ましくない行動も、見かたを変えることで好ましい行動に変換できる」という実感を持てるようにする

①わが子の行動について、「好ましい行動」と「好ましくない行動」を挙げてもらい、書き出していく。

※保護者が子どものよいところを見つけられない場合、保育者が園で見られるその子のよいところを伝えてみる。

②ひととおり挙がったところで見直し。「好ましくない行動」に注目し、「すぐ止めるべき行動」と「それほど緊急性のない行動」とに分ける。

※分類に迷ったり、わからないという場合は、保育者がフォローしていく。

※「好ましくない行動」が、実は保護者の世間体や固定観念による分類ではないかと、気づくように支援する。

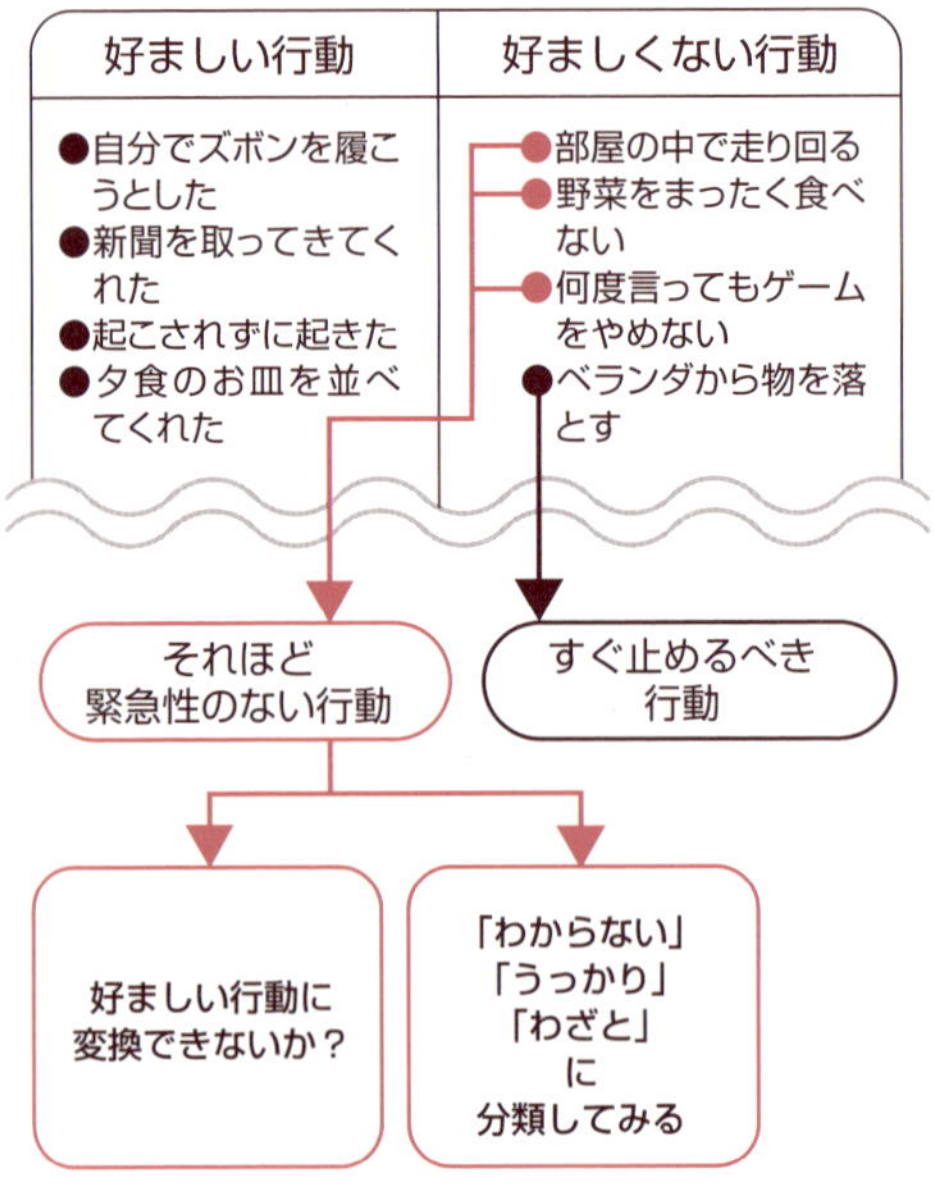
好ましい行動
好ましくない行動
●自分でズボンを履こうとした
●新聞を取ってきてくれた
●起こされずに起きた
●夕食のお皿を並べてくれた
●部屋の中で走り回る
●野菜をまったく食べない
●何度言ってもゲームをやめない
●ベランダから物を落とす
それほど緊急性のない行動
すぐ止めるべき行動
好ましい行動に変換できないか？
「わからない」「うっかり」「わざと」に分類してみる

③「緊急性はないが好ましくない行動」について、「見かたを変えることで、気にならない行動、あるいは好ましい行動に変換しないか」見直してみる。これは保護者だけで行うのは難しいので、保育者がきっかけを提供するとよい。

例えば、

●「好ましくない行動」の原因を、子ども側に立って「わからない」「うっかり」「わざと」に分類してみる。→子どもの思いを知ることで、とらえかたが変わったり、適切なかかわりかたが見えてくる（27ページ参照）。

●「好ましくない行動」を違った方向から考えてとらえ直し、言い換えができないか検討する。

そのほか、

●①で挙げられた「好ましい行動」をもとに、どのように対応するか（したか）、褒めかた、認めかたを出し、検討していく。

●②の分類の後、「好ましくない行動には注目しない」といった、かかわりかたのポイントを検討する。

このように、さまざまな形で、子どもの見かたやかかわりかたを深めていくことができます。その際、45～47ページの「褒めるときのポイント」「好ましくない行動への対応のポイント」などを参考にしてみてください。

こうして子どもの行動を見直して整理するだけで「好ましくない行動」が減り、「案外うちの子、いい子かも」と思うようになる保護者も多いようです。

落ち着きなく見えるのは
いろいろなことに
興味があるから・・
なるほど!

※参考文献…『読んで学べるＡＤＨＤのペアレントトレーニング―むずかしい子にやさしい子育て―』
著／シンシア・ウィッタム　訳／上林靖子、中田洋二郎、藤井和子、井澗知美、北 道子（明石書店）

Case 5
目に入るものに反応して「うっかり？」

落ち着きがなく、つねに動き回っているEくん

4歳

親子のようす

落ち着きがなく、つねに動き回るＥくんを、保護者はいつも追いかけ、大きな声でしかっている。家庭でも、おもちゃを次々出しては片づけず、朝のしたくも気が散って進まないとのこと。母親は、「子どもは好奇心があったほうがいいし、大人になってふらふらするより今のうち」と言いながらも、いつになったら落ち着くのかと、不安な思いものぞかせ、疲れているようす。

対応のヒント

Eくんのよいところを見ようとしているお母さんの発想はとてもよいと思います。保育者は、「その発想いいですね」と伝え、「目に入ると見たい、触りたいと、考える前に行動しちゃうんですよね」など、Eくんの姿を肯定的に表現するようにしましょう。ただ、実際保護者は、落ち着きのないEくんの子育てに疲れています。まず、家庭でどんなことに困っているかを聞き、少しでも母親が楽になる方法を考える必要があります。

例えば、「朝のしたくが、気が散ってなかなか進まない」ということ。一日が子どもをしかることで始まってしまうと、親子とも気分の悪いまま、登園することになってしまいます。まず、**何かやってほしいときには、なるべく刺激をなくして気が散らないようにするとよい**ことを伝えましょう。子どもが起きてからは、思い切ってテレビを消す。どうしても子どもの見たい番組があって、見せないとひどくだだをこねてしまうようなら、「この番組が終わったらテレビを消して、したくをする」という決まりを作るとよいでしょう。しばらくは、「テレビ消さないで」と、泣いたりするかもしれませんが、タイマー（詳しくは58ページ参照）を活用して見通しを持たせたり、「テレビは終わり」と言いながら、き然とした態度でかかわることで、徐々に習慣づいていきます。そうすれば、ずいぶん朝のしたくはスムーズになってくるでしょう。何よりも母親自身、朝、しかる回数が減ることで楽になるはずです。

また、Eくんのように、落ち着きがない、気が散って集中できないといったようすが見られる場合、ことばでの情報は入りにくいかもしれません。そういう場合は、**視覚的に伝えるくふう**を考えてみましょう。園でよく使われる**「やることボード」のようなもので1つずつ確認していく方法**を提案してもよいでしょう。100円ショップなどにある小さなボードに、朝のしたくの絵カードを作り、終わったらそのカードを自分で移動する、というように目で確認できる方法です。ほかに、**引き出しに写真をはって片づける場所をわかりやすくする**など、園で行っているくふうの中から、家庭で応用できそうなことを伝えると参考になります。

おもちゃの片づけも、Bくんのケースで解説したように、最初は保護者がほとんど片づけながらEくんには1～2つ手渡して片づけることから始めます。そして、経験を重ねるうちに、保護者と競争しながら楽しんでできるといいでしょう。

ただ、このように保育者がいくつかの方法を提案すると、すべて実践しようとする保護者もいるので注意が必要です。**一度に多くのことをやろうとすると、親子とも負担が大きくなってしまいます。**ついがんばりすぎてしまう保護者も多いので、提案したものの中から、「うちだったら何ができるか」を考えてもらい、できそうなところから試すように勧めましょう。

Point

- 刺激を減らすなど、気が散らない環境を考える
- 園で行っているくふうを取り入れてみる

+α 解説

家庭でできる環境のくふう

子どもの自立支援を考えるとき、「子どもにとって環境をわかりやすくすること」が大きなポイントになります。園の実践を応用した、家庭で簡単にできる環境のくふうを、保護者といっしょに考えてみましょう。

園で行っていることを応用して

生活習慣や身辺の自立など、子どもに身に付けてほしいことがなかなかできないと、つい保護者がしかる回数も多くなってしまいます。しかし、case5で紹介したように、苦手な部分を補うように環境をくふうすることで、子どもが自分で気づき、できることが増えていきます。

ここで役だつのが園の実践。園で行っている環境のくふうで、家庭に応用できることはたくさんあります。保育者は、子どもの苦手な部分はどこなのかを保護者と話したうえで、ふだん園で行っていることを紹介してみましょう。そして、今の家庭環境の中に、それをどのような形で取り入れることができるか検討します。

このようにして行ったくふうにより、子どもが1人でできることが増えてくると、保護者もしかる回数が減り、楽になってきます。さらに「1人でできたね」などと褒めることができる場面も増え、子どもの自信につながります。

次のページから、環境をくふうする具体例の一部を紹介します。それぞれの家庭の状況や子どものようすに合わせて、アレンジして取り入れてみてください。

●収納・片づけをわかりやすく

●絵や写真で表示する

子どもの衣類やよく使う小物類は、収納場所がわかるように、絵や写真をはっておく。

いちいち「○○はどこ？」と聞くこともなく、自分で出し入れができるようになる。

着る服を、自分で選んで用意できるようになる。洗濯物の片づけも子どもにしてもらうとよい。多少ぐちゃぐちゃになっても、「自分でやった」という実感をたいせつにする。

※子どもによっては、絵や写真より文字のほうが認識しやすいこともある。ひとりひとりの発達段階や認知力などに合わせて、より適した方法を考えていくことがだいじ。

●おもちゃは大きな箱にまとめて

種類別に分けて片づけるのが難しい場合、大きな箱を用意して「おもちゃは全部この箱の中に入れる」と決める。

※しばらくこの方法で行い、片づける習慣が付いてきたら、徐々に種類別に分けるようにするなど、子どもの成長に伴い環境構成を変化させることも考える。

●身辺の自立を促す

●靴の左右をまちがえないように

左右をまちがえることが多いので、靴をそろえたときに好きな絵が完成するよう、左右の靴に絵をかいておく。

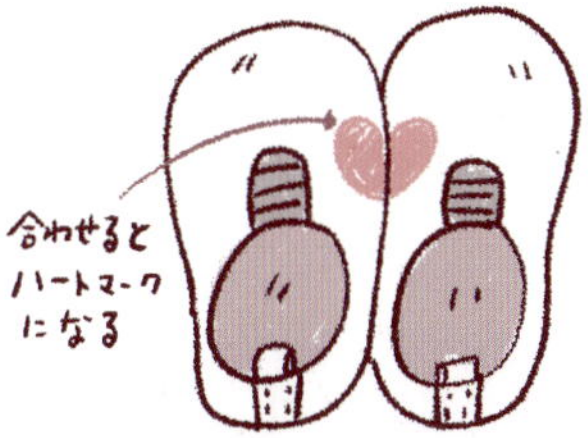
合わせると
ハートマークになる

●服の前後ろをまちがえないように

服の後ろ（首の所など）に印を付けておくと、それを見ながら着ることで、前後ろをまちがえることがない。

●布で包んだり、結んだりをわかりやすく

お弁当箱を包むナプキンは、合わせる角どうしに同じマークや色を付ける。どことどこを持って合わせるかの目印になる。

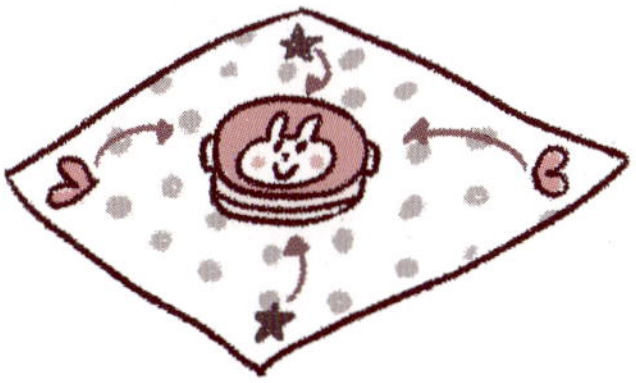

●手順をわかりやすく

●トイレ

トイレの壁の子どもが見やすい場所に、トイレに入ってからの手順を絵にしてはっておく。

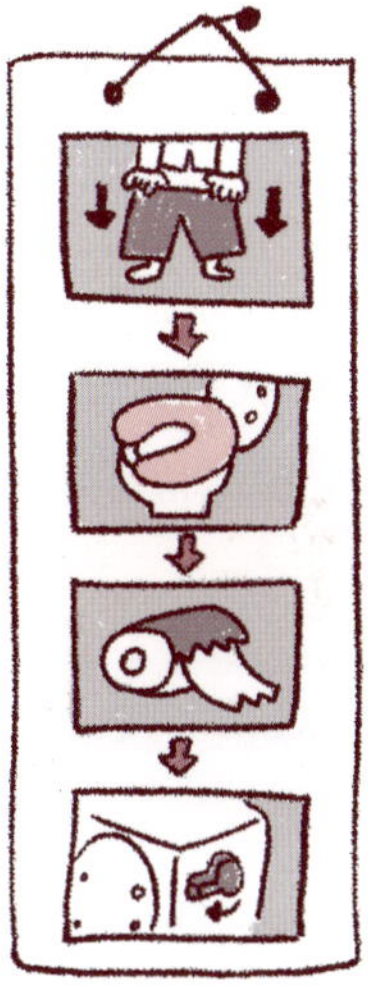
ズボン・パンツを
下げる
↓
便座に座る
↓
トイレット
ペーパーで
おしりをふく
↓
水を流す
……など

※このほか、朝のしたくの手順、入浴時の手順など、その子どもの必要に応じて取り入れる。

Case 6

「うっかり？」
忘れて、
気にしない

言われたことをすぐに忘れてしまい、気にしないFくん

5歳

親子のようす

Fくんは、明るい性格でいつもにこにこ。会話もじょうずで、だれとでもすぐ打ち解けられる。ただ、なんでもすぐに忘れてしまい、例えば、園のおたよりを持ち帰るのを頻繁に忘れたり、「かばんの中に入れてね」と言ったものが、机の上に置きっぱなしになっていたりする。保護者が注意しても「あっ、忘れてた」と、まったく反省するようすはない。

対応のヒント

明るく元気なFくんに、「あっ、忘れてた」と笑顔で言われたら、つい許してしまうような、とても愛らしい子なのでしょう。ただ、今後のことを考えると、**「人の話を意識して聞くこと」と「自分で意識して行動すること」を練習**しておいたほうがよいかもしれません。

「何やってるの、また忘れて！」と言われると、子どもには「怒られた」といういやな気持ちだけが残ってしまいます。そしてこれが何度も続き、しかられ続けることが、セルフエスティームの低下にもつながります。その悪循環を断つためにはまず、**自分で気づけるようなことばをかけること**がたいせつです。

例えば、言われたことを忘れて違うことをしているとき、「Fくん」と名まえを呼ぶだけでも、はっとして、「あっそうだ、今は、○○しようと思っていたんだ」と気づくことがあります。

ことば以外のくふうとしては、※タイマーを使う方法（58ページ参照）もあります。最初は、保護者といっしょにタイマーをセットしながら、「○時に△△をするんだよね」とことばで確認し、タイマーが鳴ったときには、保護者が「○時？」「何をする時間？」などと尋ねます。これによって、徐々に意識して行動できるようになってきます。また、毎日決まったことであれば、紙にかいてはっておくのもよいでしょう。

このように**思い出すしくみを作ることで、自分で気づいて行動することができれば、子どもは、「最後までやり遂げた」という自信と達成感を味わうことができます。**そして、保護者のしかる回数は減ってくるでしょう。できたときに保護者は、「忘れないでできたね」と褒めることもたいせつです。

なお、**「忘れる」という前に、「伝わっていないかもしれない」ということも考えて**みてください。大人が伝えたつもりでも、子どもには伝わっていないことが、けっこうあります。子どもに何かを伝えるときは、今やっていることをやめて自分に注目させてから、というのが基本です。遠くから声をかけて、「はいはい」と答えたとしても、子どもの頭の中には入っていないと思ったほうがいいでしょう。

また、意外に多いのが、保護者がなんでもやってあげているケース。ほうっておくとやらないから、ついやってしまうということですが、それではいつまでたっても自分でできるようにはなりません。帰宅したときに、「きょうはお手紙があるかな?」と言いながら、子どもといっしょにかばんの中身を確認するなど、できることから少しずつ習慣づけていくと、意識できるようになってきます。

※タイマーの使用について

子どもにもよりますが、タイマーに固執し、それがないと動けなくなってしまうこともあるため、注意が必要です。徐々にタイマー以外の方法を考えると同時に、「○時くらい」といった感覚も教えていきましょう。

例えば、タイマーで「10時」と言えば、「10時0分」ということになりますが、ふつう「10時に出かける」という場合は、前後数分間も含めます。将来的には、そういった時間感覚の理解も必要になってきます。

Point

- 思い出すしくみを作り、自分で気づけるくふうをする
- 自分で意識して行動できるように習慣づける
- 「忘れる」以前に、大人の言ったことが「伝わっていない」可能性も考えて、子どもを観察する

+α 解説

セルフモニタリング

子どもの成長過程においてたいせつになってくるのが、自分で自分をコントロールする力。そのためには、まず「セルフモニタリング力」が必要です。この力を付けるため、幼児期に必要なことを考えてみます。

セルフモニタリング力が育ちにくい子ども

case6のFくんのように、悪気はなくても、うっかりその場にそぐわない言動をしてしまう子どもがいます。これは幼い子どもとしては自然な姿。こういったようすを示していた子どもも、成長にしたがって「場を読む力」「自分を客観的に見る力＝セルフモニタリング力」などを身に付け、その場の状況に合わせた言動ができるようになってきます。

例えば、公的な場所で大きな声を出したとき、ふと周りの視線に気づいて「あ、ここでは大きな声を出してはいけないのかな」と感じ、自分で言動を修正できるといったことです。

しかし、なかには、この「セルフモニタリング力」が育ちにくい子ども、「冷たい視線」といった非言語の社会的サインを察知しにくい子どもがいます。そして、しばしば場にそぐわない言動を示しては、しかられてしまうのです。このような子どもには、「セルフモニタリング」のしかたをていねいに教えていく必要があるでしょう。

声の大きさを調整できるように

幼児期によく見られるのが、静かにしなければいけない場で、「大声を出す、走り回る、騒ぐ」といったことです。特に大きな声を出すことに関しては、声の大きさを自分で調整できない場合が多いので、そのような子どもには、声の調整のしかたを具体的に教えるとよいでしょう。

例えば、声のボリュームを3段階に分けて伝えます。

＊ボリューム0＝声を出さない、話さない
＊ボリューム1＝ひそひそ話
＊ボリューム2＝近くで会話するくらいの声（実際に声に出してみる）

というように、それぞれ大人が実際に声を出すなどモデルを示しながら教えます。数字がわからなければ、丸の大、中、小や色の濃さなど、その子が理解できるもので示して伝えるとよいでしょう。ただ、今の子どもたちはテレビなどのリモコンに慣れているので、音と数字は一致しやすいようです。

そして、日常生活の中で、「電車に乗ったらボリューム1」「映画館ではボリューム0」というように伝えていきます。うっかり忘れてしまうことも多いので、なるべく直前に知らせるようにしましょう。

このようなかかわりを続けていると、うっかり忘れてしゃべってしまったときに、「あ、ボリューム0だった」などと自分で気づけるようになってきます。セルフモニタリングでは、この「自分で気づく」ことがとてもたいせつ。そのためには、子どもの成長に合わせて、すぐ注意をしないなど大人側の対応も変えていかなければいけませ

ん。慣れてくると、話し出したときに大人が「あれ？」と言ったり、顔を見たりするだけで気づくようになってきます。

状況も含めて説明する

また、セルフモニタリングは、応用できることが重要。そのためには、状況を含めて説明することがたいせつです。

例えば、大声で騒いでしまったときに、「見てごらん、大きな声を出したからみんなびっくりしているよ」などと言います。これは、まず今の状況を知り、その場に合わせた言動を考えようというかかわりです。こういったことを続けていると、しだいに「場を読む力」が備わってきて、別の場面でも、周囲の状況に合わせて言動を修正できるようになってきます。

ただ、これは将来的な見通しであって、幼児期にこのようなことを完ぺきに求める必要はありません。たいせつなのは、子どもが自分で気づくために、状況を含めて説明することです。

Case 7
「わざと？」
だだをこねる

だだをこねて、要求を通そうとするGくん

4歳

親子のようす

Gくんは、買い物に行くとあちこち走り回り、母親は追いかけるのがたいへん。また、「○○買って！　買ってくれなきゃ帰らない！」と母親の顔を見ながら大泣きするので、周囲の目も気になり、根負けしてつい買ってしまうことが多く、それがパターン化しつつある。しかも、1つ買うと、もう1つ違う物をと要求してきりがなく、毎回、泣き叫ぶGくんを抱きかかえながら店を出るという状況。周りからしつけの悪い親だと思われているようで、連れて歩くのがつらい、と母親は悩んでいる。

対応のヒント

思いどおりにいかないことがあると、だだをこねて手が付けられなくなるという場合、まず必要なのは、気持ちの切り替えです。**「今やっていることの先にこんなことがあるよ」と見通しを伝えることで、Gくんが気持ちを切り替えられるように**するとよいでしょう。

具体的には、次のように段階を踏んだ対応が考えられます。

①出かける前に確認をする

「○○と△△を買いに××スーパーに行きます。○○と△△を買ったら帰ってきます。帰ってきたら□□しようね」と、どこに何を買いに行くのか、帰ってきたら何をするのかという見通しが持てることばかけをする。

②役割を作り、できたらプラスの注目をする

店内では、Gくんに買う物をかごに入れてもらい、きちんとできたときや買い物中、静かにしていたら「ちゃんと買い物ができてえらいね」と褒めたり、にっこりほほ笑んだりする。

③帰る前に再確認をする

店を出るときに、「おうちに帰って□□しようね」と、帰ってからの見通しを再度伝え、帰ったら、約束していたことを行う。

また、たまに買い物リストにNくんのおやつも入れておき、いつも好きな物が買えるわけではないけれど、「買ってもらえるときもある」という楽しみを作るのもいいでしょう。その場合も、事前に伝えておくようにします。Gくんがだだをこねてから買っていると、**「泣けば望みがかなう」ということがパターン化**してしまいます。買い物のたびに激しく泣き叫ばれると、つい根負けしてしまいそうですが、**保護者は、き然とした態度を貫くことがたいせつ**です。

ただ、対応の過程で忘れてはいけないのは、「お母さん（お父さん）は、あなたのことが嫌いなわけではない」と伝えることです。「あなたのことはとても好きだけど、ルールは守らなくてはいけない」というように、**人格と行動を分けて考え、それを子どもが理解できるように話す**ことが、とても重要です。

②の役割については、やることがなくなったとき、思い出したようにだだをこねる場合があります。例えば、カートを押したり、かごに品物を入れたりしている間はよいものの、レジに着いたとたん騒ぎ出すというようなケースです。そんなときは、「レジに来たら子どもにお金を渡し、払ってもらう」というように新たな役割を追加していくのもいいでしょう。

こうして、考えた対応によって表れる子どもの姿で、また次の対応を考える……というように、保護者といっしょに試行錯誤していくとよいでしょう。だだこねは、落ち着くまでに少し時間がかかるため、保護者がつらくなるときがあります。対応がうまくいったとき、保育者が「Gくんもがんばったけど、お母さんが根気強くかかわったことで、うまくいったのですね」などと保護者にねぎらいのことばをかけることもだいじです。

Point

- 事前の確認で見通しが持てるようにする
- よい行動で認められる経験を
- 泣けば望みがかなうということをパターン化しない
- 人格と行動を分けて考える

Case 8

不安から「わざと？」気になる行動

忙しいときに限って、困らせる行動を示すHちゃん

2歳

親子のようす

Hちゃんは活発に見えるが、不安や緊張が強いときや母親といっしょのとき、特に動きが多くなる。

母親が迎えに来ると走り出し、帰ろうとしないため、母親はいつも怒りながら追いかけている。玄関の外に出ても、石や砂を口に入れたりするので、いつも、抱きかかえられ泣きながら帰ることになる。こういった行動は、必ず母親の顔を見ながら行っている。母親は、「忙しいときに限って困らせるから、ついイライラしてきつくしかってしまう」と話している。

対応のヒント

　このような保護者には、自分がうまく子育てできないことに対するいらだちや後ろめたさのようなものがあり、あまり保育者と話したくないと思っている人も多いようです。まずは**保護者の精神面を確認し、落ち込みがひどいようなら、保護者自身のサポートを優先させます。**同時に、保護者の対応が虐待など不適切なかかわりにつながるものではないか、といった確認も必要です。

　それらを確認したうえで、子どものことを考えられる状態だったとしても、すぐに気になることを指摘するのではなく、「Hちゃん、活発なのでたいへんですよね。お仕事忙しそうですし、ゆっくりできませんよね。お体、だいじょうぶですか？」など、**保護者の気持ちに寄り添うことばをかけましょう。**このようなかかわりを積み重ねるうちに、保護者と保育者との信頼関係が築かれてくると、保護者のほうから相談を持ちかけられるかもしれません。そのときは、保護者に思う存分話してもらいます。保育者は保護者の「つらさ」を十分に受け止めたうえで、Hちゃんの姿を見直してみましょう。

　母親がいるときに限って困った行動をとるという場合、母親は「うまく対応してくれる保育者の前では落ち着いているけど、自分はうまくかかわれないから、子どもも落ち着かない」と思ってしまうことがあります。しかし、**「忙しいときに限って困らせる」「母親の顔を見ながら困った行動をとる」といった姿からは、「母親に注目してほしい」というHちゃんの気持ちがうかがえます。**

　保育者はまず、「Hちゃんは不安や緊張が強い傾向があり、難しいところがあると思う」と伝えたうえで、保護者が一方的に悪いとは言わず、「がんばっているのにうまくいかないのはつらいですね」と、ねぎらいます。そして、「お母さんが好きで、注目してもらいたいから、困らせるような行動をとってしまうのでは？」という見解を伝えましょう。

　今のHちゃんは、困らせることでしか、母親の注目を得られないと思っているところがあります。そこで、「困った行動」ではなく、**「よい行動」で母親に注目される経験を積み重ねることが必要です。**そのためにも、1日1回でも、Hちゃんに対してプラスの注目

（褒める・抱き締めるなど）をすることをお願いしてみましょう。褒める内容は、「朝、自分で起きられた」「自分で園に行く準備ができた」など、ちょっとしたことでもよいのです。もし「褒められるようなことをしない」と言われたら、保育者がHちゃんのよいところを母親に伝え、「園で○○したんだって？　がんばったね」と褒めるきっかけにしてもらってもよいでしょう。こうして、母親からのプラスの注目を経験すると、子どもはまたプラスの注目を得たいと思い、しだいによい行動が増えてきます。

また、子どもの見捨てられ感や不安を取り除くためには、**親子でかかわる時間を意識的に持つこと**がたいせつです。忙しい中、たいへんに思うかもしれませんが、一日10～20分でもよいのです。ただ、その間は、何かをしながら片手間にではなく、しっかり子どもとかかわるようにします。子どもは、保護者が「自分だけを見てくれている」と実感できると、気持ちが安定してきます。つねに保護者とかかわっていなくても安心できるようになってくるでしょう。特にきょうだいが生まれたときに、不安感が増すことがあるので気をつけましょう。

Point

- まず、保護者自身の精神面を確認する
- 「注目してほしい」という子どものほんとうの思いを知る
- よい行動でプラスの注目をされる経験が必要
- 親子でしっかりかかわる時間を作る

+α 解説

虐待と発達障がい

虐待と発達障がいの関係について、今いろいろな形で語られています。その中には、科学的根拠がないことも多く、誤解を招く要因にもなっています。それぞれの関連性を、どうとらえたらよいでしょうか。

2つの関連性

虐待と発達障がい、直接的な関係があるというわけではありません。しかし、しばしばこの2つの関連性について語られるのはなぜなのでしょうか。それには、主に2つの要因があります。

1つ目は、「虐待されることで表れる子どもの状態像が、発達障がいの状態像と似ているところがある」ということ。そしてもう1つは、「発達障がいのある子どもの育てにくさが、保護者の不適切なかかわりにつながる可能性がある」ということです。

では、この2点について、もう少し詳しく見ていきましょう。

状態像が似ていることによる誤解

まず、状態像についてですが、虐待が子どもに及ぼす影響のひとつとして言われる

「精神的障がいの危険」が、大きくかかわっています。

これは、虐待によって愛着形成がうまくいかないと、人への不信感を抱き、精神的発達が妨げられる危険性があるということですが、見られがちな症状として、多動、攻撃性、無表情、ということがあります。これらが、ADHDや広汎性《こうはんせい》発達障がい（自閉症など）の主症状と似ている部分があるため、誤解されやすいのです。

症状は同じでも要因が違えば、当然対応のしかたも変える必要があります。そのためにも、気になるようすが見られたときは、17ページの「マズローの欲求の階層」で子どもの状態を確認したり、104〜105ページに示した「虐待のチェックリスト」で親子のようすを見直すなどして、原因を見極めることがたいせつです。

そして虐待が原因だと思われる場合は、その危険を回避し（虐待の対応については、106〜107ページ参照）、安定した環境を保障することで徐々に症状が治まることを期待します（もちろん、受けた傷の深さによって、状態の安定までに長い時間を費やすこともあります）。一方、発達障がいは脳の機能障がいによるものなので、症状をなくすというより、その特性を理解したかかわりを重要視します。ひとりひとりに合わせて環境を整えたり、周囲のかかわりかたをくふうしていくことで、本人が感じる困難を軽減できるようにと考えるのです。

「育てにくさ」によるストレス

次に、発達障がいの「育てにくさ」と虐待との関連についてですが、保護者が「育てにくい」と感じる要因を見直してみると、発達障がいによって表れる症状と重なる部分が多く見られます。

例えば、ＡＤＨＤの主症状となる多動性、注意散漫、衝動性は、周囲からの非難を受けやすいものですし、広汎性発達障がいは、社会性やコミュニケーションの障がいを伴うことから、親子の親密な関係が築きにくく、また、周囲の子どもたちとのトラブルから保護者が責められることも多くなります。このような「育てにくい子」と毎日向き合ううち、保護者にはストレスが積み重なっていきます。そして、つい激しく叱責したり、無視をしたり、といったかかわり、またそれが虐待など不適切なかかわりに発展する可能性は否定できません。

これらのことからも、発達障がいのある子どもの場合、子どもへの支援と同時に、保護者自身のケアも不可欠だと言えます。

● 「ＡＤＨＤ（注意欠陥多動性障がい）」の主な症状とよく見られるようす

●多動性
じっとしていられない／しゃべりすぎる／走り回る／高い所へのぼる　など。

●注意散漫
うわのそらでボーっとしている／外からの刺激などですぐに気がそれてしまう／忘れ物や物をなくすことが多い　など。

●衝動性
質問が終わる前に答えてしまう／待つのが苦手で結果的に他人のじゃまをしているように見られる　など。

● 「自閉症」の主な症状とよく見られるようす

●社会性の障がい
他人への関心が乏しい／視線が合わない／表情が乏しい／人の気持ちの理解が苦手／かかわられることをいやがっているように見えるなど。

●コミュニケーションの障がい
なん語・指さしの発達の遅れ／話しことばの発達の障がい／オウム返しが多い／呼んでも振り向かない／人の表情や場を読むことができない／冗談や比ゆが理解できず、ことばどおりに受け取ってしまう　など。

●想像力の障がいとそれに基づくこだわり行動
手をひらひらさせる／体を揺らす／ぐるぐる回る／物のにおいをかぐ／感触を楽しむ／特定の物に執着する／日課や習慣の変更に抵抗を示す／ごっこ・見たてが苦手／物を並べるなど。

※出典…『わかってほしい！ 気になる子』（学習研究社）

第3章

保護者自身をサポートする

ストレスを抱えた保護者の場合、
まず、保護者自身のケアが必要になります。
保育者にできることとできないことを、
保護者のタイプ別に考えてみましょう。

解説 ● 高山恵子

保護者が変わると子どもが変わる

保育者のかたに保護者支援の話をすると、「子どもへの対応だけでもたいへんなのに、そのうえ保護者のサポートまで考えられません」と、言われることがあります。確かに今、子育て支援、幼保小連携、地域連携、虐待など、保育者にはさまざまな事がらへの対応が求められすぎている傾向があります。かかわりの難しい子どもたちの対応に苦慮している保育者に、「保護者のサポートを」と言うと、さらに負担が増えると思ってしまうのは当然でしょう。

しかし、皆さんは、「保護者が変わると子どもが変わる」と感じることはありませんか。実際、子どもへの対応と保護者対応はいっしょに行うと効果的、ととらえている保育者のかたも多く、「親子関係がよくなると、子どもの状態がよくなることを実感している」という声も聞きます。いくら子どもの気になることを伝えようと思っても、それを保護者が受け止められる状態になっていないと、伝わらないということのようです。ぜひ保育者のかたには、「保護者をサポートすることで、子どもがよい状態で園に来る」、その因果関係を実感し、理解してほしいと思います。

では実際に保護者自身のサポートを考えるときポイントとなるのはどんなことでしょうか？　その第一の要素となるのは「ストレス」でしょう。

今、保護者、特に母親は、さまざまなストレスを抱え、悩んでいます。実際、子育て中の母親に「ストレスに感じることはなんですか？」と尋ねると、左に示したとおり、子どものこと、家族との関係、自分自身のことなど、実にいろいろな事がらが挙がってきます。もちろんこれは、1人に1つということではなく、次々ととめどなく挙げる人も少なくありません。

●育児中の母親のストレス

育児真っ最中の母親に「ストレスに感じることは？」と聞いた際の回答の一部。

時間に追われる

しゅうとめとの関係

夫が育児・家事に
協力してくれない

子どもが言うことを聞かない

子どもの育ちが不安

だれにも認めてもらえない

育児に自信が持てない

思いどおりに事が進まない

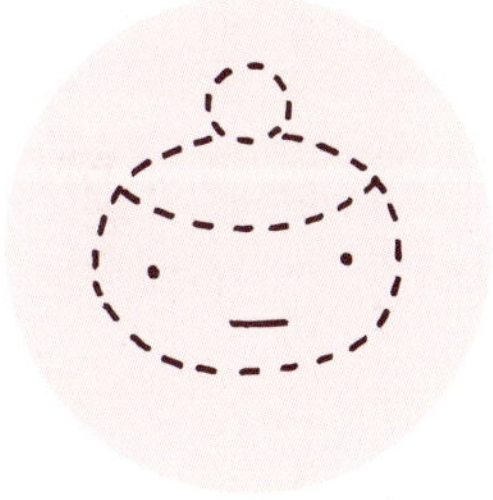

自分の存在感がない

経済的不安がある

やりがいが持てない

仕事と家事が両立できない

ストレッサーとストレス反応

そもそも「ストレス」とは、なんらかの原因「ストレッサー」によって心身にかかる負荷のことを言います。73ページで挙げた「ストレスに感じること」は、ストレッサーと言えます。このストレッサーは大きく分けると、

①自分自身のこと
②対人関係
③その他（天災・事故など突発的な事がら）

の3つに分けることができ、子育て中の保護者の大半が、①と②の両方を複合的に抱えています。

そして、ストレッサーによって表れるのがストレス反応。ストレッサーとストレス反応の関係は、アレルゲンとアレルギー反応の関係とよく似ており、なんらかの原因（ストレッサー）によって負荷（ストレス）がかかり、心や体にさまざまな反応が表れるのです。

ここでだいじなのは、「ストレスに感じるかどうかは人によって違う」ということです。同じ事がらでも、受け止める人の心身の状態や、周囲の環境などによって、非常に強いストレスとなり、心や体にアンバランスをきたす場合もあれば、適度な刺激となって、やる気が出るなど、よい方向に働く場合もあるのです。

保護者のストレスの大半が、育児ストレスだと言われますが、この育児からくる小さいストレスの積み重ねは、非常にわかりにくく、自分でも気づかないことが多いのが特徴です。したがって、知らないうちに無理をしてしまうという怖さがあります。さらに、「周囲に心を開いて話せる人が少ない」といった最近の保護者の状況が加わり、抱えたストレスをなかなか発散できないといったケースも多いのです。

そこで重要になるのが、保育者の存在。保育者が、日々保護者の示す「ことばにならないメッセージ」から、ストレス状態をキャッチし、適切な対応を行うことが求められています。

●ストレッサーとストレス反応のしくみ

●ストレス反応

体の反応

頭痛、腹痛、ドキドキする、めまい、眠れない、起きられない、食欲がない、食べすぎ・飲みすぎ、頻尿、肩凝り、だるい、冷や汗、息苦しい　など

心の反応

イライラ、緊張する、焦る、不安、やる気がしない、集中できない、ボーっとする、落ち込む、泣きたくなる、人と話したくない、心細い　など

●ストレッサー

①自分自身

完ぺき主義・まじめ・マイナス思考といった性格、何か満たされない思い、健康上の問題　など

②対人関係

子ども・配偶者・両親・義父母・保育者や教師との関係、近所付き合い、園や学校の保護者との関係　など

③その他

事故・地震・火事など突発的な事故、リストラ　など

ストレスマネジメント

ストレスとストレッサーがわかったら、次はストレスにどう対応するか、ということです。ストレスをまったくなくすことは不可能です。要は、いかにうまく付き合うか。この、ストレスをコントロールするという考えに基づいた対応を「ストレスマネジメント」と言います。

「ストレスマネジメント」の方法として、大きくは2種類あります。1つは「心身のリラックス」。これは、文字どおり心や体をリラックスさせることですが、その方法は、性格やそのときの状況などによって違うので、自分に合った方法を試みることが重要です。例えば、内向的で人と会うのがあまり得意ではない人が、無理に「友人とランチしながらおしゃべり」しようとしても、かえってそれがストレスになってしまいます。自分の性格を理解したうえで、「これならリラックスできる」という方法を見つけましょう。

もう1つの対処法は、「ストレスへの耐性を強くする」という方法です。見かた、考えかたを変えることで、ストレスが軽減するといったことです。

ストレスの原因について、「いやだ」というマイナスの思いを、「そうでもない」、あるいはプラスの思いに変換できれば、それはストレスではなくなります。この発想の転換には、ちょっとしたきっかけが必要なので、それは、81ページ以降の具体的対応の中で解説していきます。

なお、さまざまなストレス解消法の中でも、飲酒や過食、買い物、人や物にあたるなど、注意が必要な解消法があります。これらは、行きすぎると、時には命にかかわる危険があり、特に保護者の場合は、発散できないストレスの矛先が子どもに向かうことも心配です。

そのような事態に陥らないためにも、早い時期にストレスに気づき、健康的な解消法に変換していくことがたいせつです。

●ストレスマネジメントの方法

1. 心身のリラックス

いずれも、自分に合った方法を探しましょう。合わないことをすると、かえってストレスになります。

●深呼吸をする
体の緊張が緩み、血圧が下がり、リラックスする

●適度な運動
自分が気持ちよいと感じられる運動
※へとへとになるまで思い切りやることですっきりする人と、軽い運動のほうが好きな人とがいます。

●自然に親しむ
森林浴・海辺の散歩・公園のベンチや部屋の窓から外の景色を眺めるだけでも

●親しい人とおしゃべりや食事をする

●ひとりでお茶を飲んだり、好きな音楽を聴いたりする　など

2. ストレスへの耐性を強くする

●意識してリラックスできるようにする
ゆったりとした環境の中、目を閉じて、自分がリラックスしているイメージを思い浮かべる

●気持ちの修正法を見つける
不安になったとき、悪く考える癖をやめ、安心できる場所のイメージを思い浮かべる、体を動かすなど、気持ちを修正する方法を見つける

●人に頼るくふうをする
ひとりでがんばりすぎず、じょうずな頼みかたを知る

●発想の転換で、ストレスを軽減できることを知る

マイナスの面を見る
いやいややる（義務的）
事　実
プラスの面を見る
自分からやる（自発的）
ストレス
行　動
ここちよい疲れ、達成感
とらえかたによって、同じ行動でもストレスに感じる人とそうでない人とがいる。
マイナスの面を見る
この子は
だめな子
育児は
つらい
プラスの面を見る
この子は
いい子だ
育児は
楽しい

育児のすべてが、ストレスになる。　　ここちよい疲れ、達成感がある。

保育者が保護者のストレスに気づき、声をかける。

「傾聴」「共感」を心がけ、保護者の話をじっくり聴く。

思いをとらえて、対処法を考えよう

保護者が自分でストレスマネジメントできるようになるために、保育者はどのようにかかわればよいのでしょうか。具体的な対応を考えていきましょう。

ことば以外のメッセージをたいせつに

　前述のとおり、子育て中の保護者のストレスは、本人が気づいていないことが多くあります。そのため、身近な存在である保育者が、保護者の出すさまざまなサインをしっかりキャッチし、保護者自身が「自分はストレス状態にある」と気づくようにすることがたいせつです。そして、「ちょっとお疲れのようですが、最近、お仕事お忙しいですか?」などとさりげなく声をかけ、それぞれに合わせた形で、保護者が本音を出しやすい状況を作ります。

　ただ、自分の悩みをすぐに伝えられない人もいます。保育者は日々、ほほ笑んだり、あいさつやねぎらいのこ

対応

対応のレベル分け

話の内容によって、「自分で対応できるか」「園全体で対応すべきか」「専門機関に任せるべきか」を判断する。

自分で対応

保育者が自分の考えを押し付けるのではなく、保護者自身が気づき、よくしたいと思えるようにサポートする。

園全体で対応

まずは、園長や主任に相談。その後の対応のしかたを話し合い、こまめに情報交換をしながら、対応していく。

専門機関に相談

園長などに相談して、どの機関につなぐべきかを検討し、迅速に対応。その後も連携を取り合い、経過を把握する。

とばをかけたりして「保護者が話したくなったときにはいつでも寄り添ってくれる雰囲気」を持つことがたいせつです。

　こうして対話のきっかけができたら、保育者は、保護者の話をじっくりと聴きます。決して保護者の話を否定せず、「傾聴・共感」の気持ちで、聴いてください。まず、保護者が抱えている不安や不満を言語化することが重要です。人によっては、「話しただけですっきりした」ということもあります。

じっくり聴いて、本質を探る

　なお、73ページにあるような保護者が挙げるストレッサーには、保護者自身の育ちの履歴（自分の母親の価値観の影響など）といった、表に出てこない要因が隠れている場合があります。また、発達障がいなど子どもの育ちに不安がある保護者の場合、「子どもの行動が周囲に迷惑をかけている」という引け目や、自分が「子育てのできない親」と思われているのでは？というストレスもあります。保育者は、保護者が抱える事がらの本質を見逃さないためにも、結論を急がず、じっくり時間をかけて保護者の話を聴いてください。

さらに保育者は、保護者の話を聴きながらも、その内容が、自分ひとりの対応でよいのか、考えることも必要です。内容によっては、専門機関のサポートが必要なケースもありますので、その場合は速やかに対応しましょう。最近では、巡回相談など外部の専門家の支援を園で受けるシステムもあります。基本はひとりで抱え込まないこと。話を聴いた後は、園長や主任などに報告し、その後の対応については、ひとりで決めず、園長などと相談するようにしましょう。

自分に合った対処法を見つける

こうしてストレスの原因が見えてきて、保護者自身もそれに気づいたら、いっしょに対処法を考えていきます。

何よりたいせつなのは、自分に合った解消法を保護者自身が見つけること。ストレスの原因や、どうしたらそれが軽減できるかを、自分で理解してはじめて、ストレスとじょうずに付き合うことができるのです。そのためにも、保育者の考えを押し付けるような形にならないよう、十分に気をつけましょう。

次ページから、さまざまなタイプ別に、ストレスマネジメントを基本とした保護者サポートを考えていきます。

Type 1

なんでも自分を責め、落ち込んでしまう

なんでも自分のせいだと思い、自分を責め、落ち込んでしまう保護者がいます。まじめな人に多く、自分を人と比べてしまいがちな傾向があります。

子どもの評価が自分の評価に

こういうタイプの保護者が特につらくなるのは、発表会や運動会など、集団で何かを行うとき。「自分の子どもだけがうまくできない」ということが非常にこたえます。この背景には、親が子どもを同一視しているということがあり、なかでも多いのが母子の一体化です。子どもの失敗やうまくいかないことによって、母親自身が恥ずかしくなり、落ち込む。そして、「ほかのお母さんはちゃんとできているのに、わたしがだめだから」と、自分を責め、そして子どもをしかります。

行事のときは、祖父母や父親も見に来るので、母親にはよけいにプレッシャー。「あんなにひどいとは思わなかった、母親がしっかりしていないからだ」と責められることもあります。さらに保育者から、「お母さん、もうちょっとがんばってもらわないと」「家庭でもう少し、しっかりしつけていただかないと」などと言われ、傷ついたという話もよく聞きます。

ことば以外のメッセージを受け止めて

保護者のもともとのパーソナリティの影響も大きく、まじめで完ぺき主義、さらに、内向的な人に自分を責めるというケースが多いようです。こういう場合、みずから「自分を責めてしまうんです」と言うことはないので、そこは保育者に察知してほしいところです。表情が暗くなる、元気がない、会話に乗ってこない、といった「ことば以外のメッセージ」をキャッチしてください。また、子どものことを話しているのに、「わたしが、がんばらなくちゃ」と言ったり、「やりたいけどできないんです」など否定的な反応が多い場合、「うつ」の心配もあるので気をつける必要があります。

こういった人は、「朝ごはんはきちんと食べさせてください」など正当論を言われると、「そんなこともできないなんてやはりわたしはだめだ」と思い、さらに自分を追い込んでしまいがちです。保育者が責めたと思っていなくても、保護者は責められたと感じてしまうことがあるので、十分注意してください。

よいところに気づけるように

保育者の対応として、まずは保護者の話をじっくり聞く機会を持ち、本人がつらいと思っている話には、「それは、ほんとうにたいへんですね」と寄り添います。だめなところにばかり目が向いている保護者は、なかなか自分のよいところに気づけません。保育者から見て「がんばっているところ」を具体的に挙げ、「今のあなたは十分やっている。それでいい」ということを伝えてください。

できれば、「保護者が行ったことで子どもがよくなった」というエピソードがよいでしょう。例えば、子どもがかいた絵をお母さんが褒め、おうちで飾ってくれたことを、その子が園ですごく喜んでいた。そのことがきっかけで、絵をたくさんかくようになった、というようなことです。

子ども以外のことでセルフエスティームを上げる

また、親子の一体化が強いと、子どもが人から褒められることで保護者自身のセルフエスティームも上がります。行事などで、わが子がみんなより少し遅れている場面を目の当たりにしてしまったときには、保育者がその子どものよいところを、当日のようすや、これまでの取り組みの過程で見られたことから、具体的に伝えてください。

このように親子が一体化し、セルフエスティームが連動しているケースは非常に多いのですが、なるべく早い時期に、子ども以外のこと、例えばボランティア活動や趣味などで保護者自身のセルフエスティームが上がることを見つけたいものです。子どもが幼児期のうちは難しいかもしれませんが、「○○ちゃんのママ」ということ以外に、認められたり、やりがいを感じられたりすることを見つけるのが、将来的にはとても重要です。

なお、障がいのある子どもの場合、その言動について「親のしつけがなっていないから」と誤解され続けることで、自分を責めてしまうという、特有の悩みもあります。そのため、その子の特性を知り、「自分のしつけのせいじゃない」と思えるだけで、楽になることがあるということも、知っておくとよいでしょう。

Point

- 子どもの失敗は自分の失敗ととらえる傾向がある保護者もいることを知る
- 保護者の「ことば以外のメッセージ」を察知する
- 正当論で責めず、子どものよいところを伝える

きょうは
絵本を読む
ボランティア♪
イキイキ

Type 2 感情を表に出さず、ことば数も少ない

内向的で、周囲に気持ちを伝えられず、ストレスをひとりで抱え込むタイプ。助けがほしくても、なかなか人に頼むことができません。

頼りたくても言い出せない

父親が非協力的で、家事や育児はすべて母親。子どもに関する悩みがあっても、だれにも相談できないという話はよく聞きます。確かに、父親やほかの家族が非協力的という現状もあるのですが、母親自身、なかなか人に任せることができない性格、という場合も多いようです。手伝ってほしくても、その気持ちをうまく伝えられないのです。特に、おしゅうとめさんには頼みづらく、勇気をふり絞って頼んでも、「こんなこともできないで」などと責められてしまっては、「二度と頼みたくない」と思ってしまいます。

「I《アイ》メッセージ」で伝える

そんな場合は、アメリカの心理学者トマス・ゴードンが効果的であると勧める「Iメッセージ」を取り入れるとよいことがあります。

Iメッセージの基本は、「わたしは〜（の状態・理由）で〜（という感情）です」という伝えかた。これは、20ページで紹介した「共感の公式」の主語を「わたし」にしたものです。この形で伝えると、何かをお願いするときでも、感謝の気持ちを伝えるときでも、相手にとってここちよく伝わり、人間関係を円滑にすることができます。

例えば、家事や子育てをひとりで抱え込んでいる母親の場合、困っていることに周りが気づいていないことがあります。まず、「わたしは今、こういう状態で、たいへん困っている」ということを、具体的に、気持ちを込めて話します。そのうえで、「助けてもらえるとうれしい」と伝えるようにするとよいでしょう。

また、話すのが苦手で、じょうずに伝える自信がない、という場合、「ありがとう」から始めるとよいでしょう。その際、具体的に何がありがたかったのかがわかるよう、Iメッセージを使って伝えます。例えば、子どもを預かってもらったときには、「おかげでわたしは、その間○○ができて、とても助かりました」というようなことです。さらに、「子どもがとても楽しかったと喜んでいました」というように、子どもの反応を伝えると、相手も「またやろう」という気持ちになります。

「ありがとう」と「ごめんなさい」だけでもIメッセージです。じょうずにいろいろ言おうと思わずに、「〜してくれてありがとう」「〜してごめんなさい」から始め、いろいろと応用していくとよいことを伝えましょう。こうして、ていねいに具体的に気持ちを伝える、その積み重ねで会話も増え、関係がよくなった相手なら、コミュニケーションもしやすくなります。

無理に話さなくてもいいと思える雰囲気作り

なお、こういった内向的な保護者の場合、園の懇談会など、話し合いの場が苦手な傾向があります。園の集まりのときには、話さなければいけないというプレッシャーを与えないように気をつけましょう。最初に保育者は、「意見を言わなくても、無理に話さなくてもいい、参加することに意味がある」ということを、全体に向けて話します。個別ではなく全体に伝えることで、発言しなくても許される場なのだという雰囲気が作られていきます。「無理に話さなくても、○○先生はわかってくれる」と保護者が感じることができたら、それが保育者との信頼関係にもつながります。

無理に発言しなくてもだいじょうぶですよ
ホッ

Point

- 「Iメッセージ」での伝えかたを知らせる
- 「無理に話さなくてもいい」ことを伝える

※参考文献…『ことばが変わると世界が変わる』著／岸 英光、高山恵子、浜島美樹（えじそんくらぶ）

やってみよう！

おしゃべりしましょう！～ちょこっとチャット～

内向的、外向的など、いろいろなタイプの保護者が一堂に会す懇談会では、皆が話しやすい雰囲気作りに苦労するようです。そこで、話し合いの場作りとして有効なコミュニケーションゲームを紹介しましょう。

このゲームの意味

保護者の抱える悩みは、保護者どうしの語り合いの中でよい情報を得たり、気持ちが楽になったり、ということが多々あります。その意味では、園の懇談会はかっこうの場なのですが、保護者の中には人前で話すことが苦手な人も多く、会を設けても、なかなかざっくばらんに話す雰囲気作りが難しいこともあるでしょう。特に日本人には、「沈黙は金」「以心伝心」などの価値観が根強く残っているところもあり、「本音を人に話す」ことが苦手な傾向があります。

そこで、懇談会など話し合いの場において参加者の気持ちをほぐし、話しやすい雰囲気を作るゲームを作りましたので紹介します。懇談会だけでなく、園内外の研修会などで、保育者どうしの交流を深めるために行ってもよいでしょう。

進めかた

基本は、「質問カードをめくり、1人（スピーカー）がそこに書かれた質問に答える」というゲーム。スピーカーは順番に交代する。

Point

●次ページから紹介しているようにトライ1～3と、段階によって少しずつルールが変化しているので、参加者の性格や親密度によってどのルールで行うか選ぶ。あまりなじみのないメンバーの場合は、トライ1から行うとよい

やってみよう!

トライ1 「以心伝心」による安心感を味わう

ルール

- スピーカーは、答えたくない質問は「パス」と言って無理に答えなくてよい。
- スピーカー以外の人(リスナー)は、「評価をせず、ただ聴く」。うなずくなど表情による非言語のコミュニケーションはよいが、ことばは発しない。

自由な時間があったら、映画を見に行きたいです

なぜ、話してはいけないのか、疑問に思うかもしれませんが、コミュニケーションの基本は、話すことではなく聴くこと。それもただ漫然と聞くのではなく、心から聴く態度を示すことです。こうすることで、「何も話さないけど、受け入れられている感じがする」、そんな空間を味わうことができます。

トライ2 異なる価値観や意見、感情を味わう

ルール

- まず1人のスピーカーが答えた後、ほかの人も同じ質問に答える。
- 答えたくないときは、自分のことばで「話したくない」ことを自由に伝える。
- リスナーは、評価や批判をせず、相づちを打ったり、スピーカーの言ったことを確認するように繰り返したりする。自分の意見や価値観と違っても、そのまま受け取る。

外で子どもが騒ぐと恥ずかしくて
お店とかで騒ぐとね〜

ここでは、互いが自由に話す中で、それぞれの違いや共通点を見つけ、自分を客観的に見る、他人と理解し合う、そんな空間を味わうことができます。

トライ3 自分のコミュニケーションパターンを知る

○ルール

●スピーカーが答えた後、その発言に基づいて、みんなで自由にコミュニケーションする。

●答えたくないときは断ってもOK、通常の会話と同様に行う。

ここでは、自由に話す中で、自分はどんなコミュニケーションのパターンを持っているか、どんなとき自然に話せるか、自己観察します。

※会話のパターン例…うなずきが多い、すぐ人の話を遮ってしまう、など

「ちょこっとチャット」の質問カードは100枚あり、「子育て」がテーマのディスカッションに自然に移行できます。最後にゲームの感想を出し合うことで、家族や友人とのコミュニケーションを深めるためのヒントが見つかるでしょう。

●質問カード内容の一部

1. 自由な時間があったら何をしたいですか？
2. 宝くじが当たったら何に使いますか？
3. 最近見た映画やテレビ、本で感動したものはありますか？
4. 好きな花はなんですか？ その理由は？
5. あなたは好きなものを先に食べますか？ 後に食べますか？
6. 仕事と家事、どちらが好きですか？
7. 家庭でいちばん楽しい時間はどんなときですか？
8. 結婚前に夢見ていた理想の家庭は？
9. 結婚前と今と、いちばん変わったことは何ですか？
10. 小さいころ、親から言われてうれしかったことは？
11. 子どもの名まえの由来はなんですか？
12. 子育てが楽しいと思うのはどんなときですか？
13. ○○にことばを入れてください。「わたしは○○のとき、幸せです。」
14. 子どものことで、恥ずかしい思いをしたことがありますか？
15. 子どもを生んで幸せだなと感じるのはどんなときですか？
16. これだけは子どもに教えたい、ということがありますか？

※質問項目は、参加メンバーに合わせて選んだり、新たな項目を作ったり、自由にアレンジしてください。新たに項目を作る場合は場が和むもの、いろいろな意見に分かれやすいものにするとよいでしょう。

※『ちょこっとチャット』に関するお問い合わせは、下記まで。
クリエーションアカデミー　TEL：03-3974-6123　ホームページ：http://www.meltcom.co.jp

Type 3

遅刻や休みが多く、話しかけても避ける

表情が暗く、話しかけても避ける、朝が苦手で遅れがち、といったようすが見られます。状態が悪くなると、しだいに送り迎えができなくなり、連絡なく欠席する日が続くこともあります。

「責めない」「励まさない」

このようなようすが見られたら、「うつ」の可能性も視野に入れてかかわるようにしましょう。

うつの大きな要因はストレスと言われています。先にも述べましたが、育児ストレスは、小さいストレスの積み重ねで、わかりにくいものです。また、まじめな性格、完ぺき主義の傾向のある人がうつになりやすいとも言われ、ストレス状態に気づかないまま無理をし続け、うつに発展するケースは非常に多いのです。

また、うつが原因で、子どもに対して、ネグレクトのような状態になってしまうこともあります。したがって、早い段階でストレス状態に気づき、適切な対応をすることがたいせつ。それが、うつの予防につながります。

まず、保育者と話ができる状態であれば、type1、2で述べたように、本人がストレスに気づき、マネジメントする方法をいっしょに考えていく対応が基

本です。その際、うつを視野に入れ、「『がんばって』などと励まさない」ということも覚えておきましょう。「やりたくてもできない」のがうつです。特に朝が弱い傾向があるので、登園が遅れる、連絡なく休む、といったようすが気になっても、そのことを責めたり、励ましたりしないように気をつけてください。励まされることで、「できない自分」を責め、ますます落ち込んでしまうことがあります。

がんばって!!
しっかりね。
気のせいだよー
わたしってやっぱりダメね…

専門家につなげることも考えて

ていねいに話を聞き、共感を示し、発想の転換のしかたを伝えたりしていても、気持ちが落ち込んだままいっこうに上がってこない、話ができない、といった場合は、より専門的な対応が必要になってきます。なるべく早く専門機関につなげることを考えてください。保育園・幼稚園の場合は、いきなり病院ではなく、まず保健所（保健センター）や子育て支援センターに相談するとよいでしょう。

専門機関につなげる場合、配偶者や両親など、身近な家族への対応も必要になってきます。本人もいっしょが無理なら、家族だけでもかまわないので、きちんと話す機会を持ってください。その際、いきなり「うつ」ということばを出すのではなく、「最近、お母さま、お疲れのようなのですが、ご家庭で何か気になるようすはありませんか?」というように切り出します。そこで相手が、「そうなんです。実は家でも……」というように話してきたら、ていねいに状況を説明しつつ、まず病院以外の専門機関へつなげることを提案してみましょう。

ただ、うつは、周囲が隠したがる傾向があります。保育者が専門的な治療が必要だと思っても、「家族にうつ患者がいるなんて恥ずかしい」という気持ちから病院に行くことを拒む、「ただ怠けているだけ」と母親を責める、といったケースも少なくありません。園の対応だけで無理なときは、保健センターなどに連絡し、第三者から直接話をしてもらうことも考えましょう。保健センターで医師の相談窓口を設けているところもあります。

子どもが「自分のせい」と思わないように

最後に、子どもへの対応で、保育者にぜひお願いしたいことがあります。母親が育児困難な状態にあると、子どもは、「嫌われた」と思い、自分を責めてしまうことがあります。保育者は、「お母さんは○○ちゃんのことが嫌いなわけではないんだよ」と伝えることがだいじです。「お母さんがめんどうを見られないのは、○○ちゃんが悪い子なわけでもなく、嫌いなわけでもなく、元気がなくてやりたくてもできないから」ということを、その子にわかる範囲で、ていねいに伝えてください。

Point

- 「うつ」を視野に入れてかかわる
- 気になったら、家族とうまくかかわり、まず病院以外の専門機関につなげる
- 「お母さんは、○○ちゃんが嫌いなわけではない」ということを、子どもにしっかり伝える

+α 解説

「うつ病」とは

うつ病は、本人および周囲が早く気づき、適切な治療・対応を行うことで改善します。まちがった対応によって症状が悪化しないように気をつけましょう。

決して珍しい病気ではない

WHO（世界保健機関）の調査によれば、うつ病の有病率は人口の3～5％と言われています。したがって、うつ病は、決して珍しい病気ではありません。だれにでも起こりうるという意味からも、よく「心のかぜ」と言われます。

うつ病は、ほうっておいても自然に治ることがありますが、こじらせると大事に至るという点でもかぜに似ています。必ず治る病気ではありますが、適切な治療をしないと重症化、長期化する可能性があり、悪化すると、生きる意味を感じられなくなり、自殺に結びつくこともあります。早めに適切な治療を行うことがたいせつです。

女性が発症しやすいワケ

うつ病は、環境、遺伝、性格、脳の働きの異常など、さまざまな要因との関連が明らかになってきており、これらの要因が複合的にかかわって症状が表れるとされてい

ます。なかでも、発症するいちばんのきっかけはストレスだと言われています。母親の多くが、育児ストレスを抱えていることは前に述べましたが、そういう意味でも、園の保護者のうつは、十分注意が必要です。

また、うつ病は、男性より女性に多く発症することもわかっており、これにはホルモンが大きく影響しています。女性ホルモンは神経系とのかかわりが深いため、そのバランスが崩れることで、ストレスへの抵抗力が低下し、うつ病を発症しやすくなるのです。女性の場合、妊娠、出産、更年期と、女性ホルモンが大きく変動する時期があり、また、月経による毎月のホルモンの変動もあります。このことからも、女性のほうが、よりリスクが高いことがわかるでしょう。

どんなようすに気をつけたらよい？

うつは、軽い落ち込みや体調不良から始まり、やがて症状が悪化していきます。自然によくなることも多いのですが、再発しやすいのも特徴です。

うつ気分は、だれもが日常的に経験する状態であるだけに、軽いうつ病は見逃されやすいものでもあります。また、まじめで責任感の強い人がかかりやすいと言われていることからも、調子が悪くてもなかなか他人に訴えない傾向があります。実際、本人が病気であるという意識を持たないことも多いので、周囲の「気づき」が重要です。

次ページに「うつのチェックリスト」を出しました。これは、うつ病の診断やラベリングをするためのものではありません。自分自身のチェックはもちろん、周囲の気づきのきっかけとして活用してください。また、回復した人が自己管理の意味を含めて行うことで、再発防止につながります。

●うつのチェックリスト

子育て中の保護者(特に母親)を想定したチェックリストです。

これらの症状が2週間以上続き、日常生活に支障が出ているときは、保健センターなどの専門家に相談してみましょう。

- □ 急な体重の変化がある
- □ 最近、疲れているのに眠れない。または何時間寝ても眠い。寝すぎだと感じている
- □ だるさや頭痛、吐き気、胃腸の調子が悪くなる
- □ 以前より無表情になった気がする
- □ 以前より気分の浮き沈みが激しい
- □ なぜか悲しくなり、話していると、すぐ涙ぐむ
- □ うまくいかないと、自分が悪いと思ってしまう
- □ 周囲から否定されている気がする
- □ マイナス思考が強くなり、何かと心配になる
- □ 家事や育児ができないだめな親だと思う
- □ いらいらや焦りを感じる
- □ 伝えられたことを覚えていない
- □ 何事も決定を先送りにし、行動できない
- □ 朝がつらく、園に子どもを送り出すのが困難(子どもは元気なのに欠席が多くなる)
- □ ほかの保護者や保育者との会話が少なくなる
- □ 保護者会活動や地域活動に参加しなくなる
- □ 買い物など外に出なくなる
- □ 子育て、家事がおっくうになる
- □ 以前楽しんでいた趣味やスポーツなどをやらなくなった
- □ 身だしなみに気を使わなくなった
- □ 子どもを過度にしかったり、夫婦げんかをよくする
- □ 子どもの将来に悲観的で絶望感がある

症状はさまざま

うつ病の症状は実にさまざま。次に主なものを挙げてみましたが、自覚症状は人によって違い、同じ人でも、時間の経過とともに状態が変わっていくことがあります。なお、症状の出かたの特徴として、朝がもっともひどく、夕方には元気が出てくるという「日内変動」が多く見られます。また、天候の影響も受けやすく、雨や曇りで暗い日などに症状が強くなる傾向もあります。そのほか「そう状態」を伴うもの、秋から冬にかけて症状が起こる「冬季うつ病」と呼ばれるもの、さらに産後や引越し後に発症するものもあります。

●うつ病の主な症状

●気分の落ち込み

うつ病の中心的な症状で、「憂うつ」「悲しい」「寂しい」「むなしい」「つらい」「つまらない」など、人によって訴えかたはさまざま。興味や喜びの感情が喪失し、今まで好きだった趣味やスポーツがつまらなくなることも。人によっては、イライラしたり怒りっぽくなったり、不安や焦りを感じることもある。

●気力の減退や活動性の低下

気力や意欲・性欲の低下。何をするのもおっくうになり、仕事や家事、子どもの世話をする気もなくなり、身だしなみもかまわなくなる。話のテンポが遅くなり、返事に時間がかかることもある。

●決断力・集中力の低下

考えがまとまらず、決断力は低下。仕事に集中することができず、同じことでも以前より時間がかかり、ミスが多くなることも。

●身体症状

腹痛、便通異常、吐き気、肩凝り、腰痛、関節痛、頭痛、手足のしびれや冷え、どうき、息切れ、胸の痛み、耳鳴り、めまい、口の渇き、味覚障がい、けん怠感、疲労感、月経不順、摂食障がいなど。これらの身体症状が前面に出るタイプを、「身体症状の仮面を付けたうつ病」という意味で、「仮面うつ病」と呼ぶ。この場合、精神症状がないか、あっても軽いため、体の病気とまちがわれやすく注意が必要。

周囲のサポートがたいせつ

うつ病は、専門家による適切な治療が重要。精神科に抵抗がある場合は、内科でもかまいません。また、まず保健センターに相談し、必要に応じて病院につなげてもらうのもよいでしょう。病院での治療は、薬物療法が主体で、最近は副作用が少ないものもありますが、やはり周囲のサポートが欠かせません。そこで、家族や保育者など身近な人が気をつけたいポイントを挙げておきましょう。

●周囲の対応のポイント

●正しい知識を持つ
まちがったかかわりをしないよう、周囲が病気のことをよく知っておく。そのため、病院にはできるだけ家族が同行する。本人の訴えだけでは、わかりにくい場合があるため、適切な治療を進めるうえで重要。

●話をしっかり聴き、受け止める
不安、焦りなど、さまざまな悩みを訴えてきたときはしっかり聴く。話に矛盾を感じるようなこともあるが、否定せず、受け止める。

●励ましたり、しかったりしない
人から励まされると、自分を責め、よけいに落ち込んでしまう傾向がある。「がんばって」「しっかりして」「早くよくなって」など叱咤激励は禁物。また、本人が望む場合以外は、無理に外出やスポーツなどに誘わない。

●焦らない
少し回復してくると、本人は無理してがんばってしまう。周囲もなかなか本調子にならないようすに焦りがちになるが、そこをぐっとがまんして、本人が無理をしているときには、必ず治る病気だということを伝えつつ、ブレーキをかけるようにする。

●休養できる環境を整える
患者が母親の場合、家事や育児のサポートが必要。家族が無理ならば、ホームヘルパー、ファミリーサポートなどの制度を利用し、しっかりと休養できる環境を整える。

●子どもの心のケアを忘れずに
子どもが見捨てられ感を抱いたり、自分のせいだと思ったりしないよう、家族や周囲が十分に愛情を注ぎ、気持ちの安定を図る。

※ 参考文献…『女性のうつ病』著／野田順子(主婦の友社)
『「うつ」に陥っているあなたへ』監修／野村総一郎(講談社)

Type 4

いつも慌ただしく、イライラしている

仕事を持っている母親に多く、日々の忙しさがストレスになっているタイプです。時間にも気持ちにも余裕がなく、つい子どもをしかったりしてしまいます。

一日を振り返って整理してみる

特に忙しくイライラするのは朝だという母親に、「『今日はイライラしなくて、スムーズだった』というときは、どんなときですか?」と尋ねると、「早く起きて、時間に余裕があるとき」と答えました。そこで、「どうして早く起きられたのですか?」と聞くと、「前日、子どもが寝るときに、イライラせずに絵本を読んであげられた」と言います。なぜイライラしなかったかというと、夕方からの段取りがよくて、時間的な余裕があったので、子どもを怒らずに待つことができたから……といったことがわかってきました。

　このように生活を振り返って整理していくと、なぜ、イライラしてしまうのか、どの部分を変えれば状況が好転するか、というポイントが見えてきます。保育者が質問しながら一日を振り返り、保護者自身が「これならできそう」と思うところから、少しずつ変えるようにしていくとよいでしょう。

「やることリスト」を作ってみよう

さらに具体的な提案として、「やることリスト」を作ってみてもよいかもしれません。

1か月以内
1週間以内
今日やること
・犬の健診
・予防接種
・ワックスがけ
・発表会衣装
・○△用書類
・買いおき
(ティッシュ・だし
洗剤・・・・
・お弁当
・ゴミ捨て
・回覧版
・犬の散歩
スッキリ
コロの散歩と
ゴミ捨てはパパに
頼んじゃお♪

「今日やらなくてはいけないこと」「1週間のうちにやること」「1か月以内にやること」など項目を分け、優先順位がわかるように、書き出していきます。すると、「今日やらなくてはいけないこと」の中に、一日ではとても無理な量の事がらが入っていることがあります。その場合は、「今日中にやらなくてはいけないことか」、また「ほんとうにやらなくてはいけないことなのか」「ほかの人に任せられないか」といった観点で見直し、一日に無理なくできる量に整理していきます。

こうして、仕事量の整理をすることで少し時間と気持ちに余裕ができると、子どもを見る目が優しくなり、子どもとかかわる時間を持つことも期待できます。

母親の心身を健康に

このとき優先順位の最上位に位置づけてほしいのが、母親自身の「食」と「休息」です。忙しさから、食べていない、寝ていない、という母親が非常に多いのです。17ページの「マズローの欲求の階層」理論は、保護者支援にも参考になり、基本的欲求を下から満たしていくと、心身とも活力が出て、安定してきます。

なかでも休息は、睡眠時間の確保以外に、「リラックス」も重要な要素となります。保護者の中には、「リラックス法がわからない」「自分がリラックスするなんて考えたこともない」という人がいます。そういう人には、まず、「それくらいがんばっているのですね」などとことばをかけたうえで、「母親がリラックスしているときは子どもが安定している」ということに気づいてもらう必要があります。「リラックスすると、子どもをしかる回数が減る」ということを実感すると、いかに自分自身のリラックスがたいせつかがわかります。具体的なリラックス法は、人によって違います。77ページに挙げたようなことを踏まえ、保護者といっしょに、探してみるとよいでしょう。

一時、子どもから離れることも

なお、「子どもにとても手がかかり、リラックスなんてできるわけがない」という保護者もいます。かといって、障がいがあるなど「育てにくい子ども」だと、親せきや近所の人には、なかなか預けづらいでしょう。その場合は、専門機関を利用するなどして、母子が離れる時間を少しでも作ることが必要です。保育者は、一時保育（リフレッシュ保育）を始め、さまざまなサポートの存在を紹介するなど、関係機関につないでほしいと思います。診断がなくてもＮＰＯなどで療育を行っているところもあります。

一時保育や
子育て支援センター
ファミリーサポート
などがあって・・・

Point

- 一日を振り返り、整理することで、改善点を見つける
- 「やることリスト」で、優先順位を決める
- 保護者支援にも、「マズローの欲求の階層」理論を活用する

Type 5 いつも機嫌が悪く、子どもをしかっている

子どもに冷たい印象で、すぐにしかります。保育者が子どもの話をしても興味を示さず、「生むつもりじゃなかった」「この子のせいで……」と言うこともあります。

保護者の気持ちに寄り添って

このような保護者に多いのが、バリバリと仕事をこなし、職業人として充実していたけれど、結婚や出産を機に仕事を辞めたという人。やりがいを感じて仕事をしていた自分と、今の自分とを比べ、満たされない思いでいっぱいの状態です。この現状への不満が「この子のせいでキャリアを捨てなければならなかった」という思いにつながることもあります。

このような場合、保育者が「もっと子どものことを考えてあげてください」「子育てって楽しいですよ」などと言っても、保護者の不満は募るばかりです。まずは、保護者の気持ちに寄り添うことを考えましょう。

例えば、「イライラしたとき、どんな感じになりますか?」などと聞いてみます。そこで初めて、「そういえば、子どもをしかってしまっている」と気づくことがあります。このとき、保育者は即否定するのではなく、「イライラすると、つい子どもにあたってしま

ガミガミ
だれが洗うと思ってんのよ

いますよね」と共感を示してください。そして、保護者が今不満に思っていることを、十分聞き取ってください。まず、本人が「なんでこんなに子どもがかわいいと思えないのか」に気づき、「イライラの原因は子どもではなく、自分自身にある」と自覚することがたいせつです。

発想の転換ができるように

そしてその後は、発想の転換ができるよう、それぞれに合わせた考えかたのヒントを伝えていくとよいでしょう。

例えば、「いつになったら、このつらい子育てから抜け出せるのか」と思っているような人には、「今、しっかりかかわって親子の信頼感ができれば、子離れも早いですよ。そうすると子育ても楽になるし、そのほうが仕事復帰も早くできるかもしれません……」というように伝えると、少し見通しが持てて、安心するかもしれません。

また、職種によっては、「育児が今後のキャリアにプラスになる」と伝えることで、発想の転換ができるということもあります。実際にあったケースですが、インテリアデザイナーだった母親に、「子育ての経験が、きっと、今後に生きてくるはず」と伝えたところ、気持ちにすんなり入ったということがありました。子育てがマイナスではないという発想の転換ができると、子育てへの思いが変わることもあるのです。

「虐待」が疑われるときは、専門機関に

ただ、それでも、なかなか気持ちを変えられない保護者もいます。イライラの矛先が子どもに向かったり、抱えたストレスの重さから、育児へのエネルギーをなくし、子育てが困難になるケースも少なくありません。特に、今まで仕事などで高い評価を受け、自信を持っている人は、「自分をコントロールできていない」という焦りや不安が、「何かをコントロールしたい」という欲求に向かわせ、それが子どもに向いたとき、虐待を含めた不適切なかかわりにつながることもあるので、心配です。

少しでも虐待が疑われる場合は、園長や主任に相談し、関係機関につなぐことを考えましょう。虐待は、子どものようすからも、キャッチすることができます。次ページに、チェックリストを挙げてみましたので、参考にしてください。

Point

- 「子どもの犠牲になっている」と思ってしまう背景を知り、保護者の気持ちに寄り添う
- それぞれに合わせて、発想の転換ができるようなヒントを伝える
- 「虐待」が気になるときは、抱え込まずに早めに対応

+α 解説

「虐待」が疑われたら

虐待は、早期発見・早期対応がたいせつ。日々親子にかかわる保育者として、虐待のサインを見逃さず、判断を誤らないためにも、発見から対応の流れを園全体で確認し、しっかり頭に入れておきましょう。

早期発見のためのチェックリスト

保育者が、虐待を早期発見するための目安となる項目です。この中のいくつかの項目が当てはまるようなら、虐待の可能性が考えられますが、各項目にこだわりすぎず、日常的に親子と接する中で全般的に見て、判断してください。

●保護者のようす

- □子どもの要求をくみとることができない
(要求を予想したり理解したりできない、なぜ泣くのかわからない　など)
- □子どもが新しいあそびや遊具に関心を持つことを好まない
- □子どもとあそぶときに、必要以上に距離を置こうとする
- □子どもと自分とが対等な存在だと感じ、自分を脅かす存在と見ている
- □乳幼児期の早期から、子どもを甘やかすのはよくないと強調する
- □保護者の気分の変動が激しく、自分の思いどおりにならないとすぐに体罰を加える
- □子どもに心理的に密着しすぎるか、まったく放任か、極端である
- □子どもに、能力以上のことを無理やり教えようとする
- □子どものけがなどについて、不自然な状況説明をする
- □保育者との接触を拒む
- □夫婦関係や経済状態が悪く、生活上のストレスになっている
- □周囲に相談相手がなく、孤立している
- □酒、覚せい剤、麻薬の乱用がある

●子どものようす

- □ よくけがをするが、原因がはっきりしない。手当てが十分でない
- □ 特別な病気がないのに、発育が悪い
- □ 表情が乏しく元気がない
- □ おびえた泣きかたをする
- □ 予防接種や健診を受けていない
- □ 衣服が汚れていたり、異臭がしたりする
- □ 保護者やきょうだいの服装と比べて、差がありすぎる
- □ 長期間入浴していない
- □ 季節や気温にそぐわない服装をしている
- □ 年齢に適した基本的な生活習慣が身に付いていない
- □ 過度に緊張し、視線が合わせられない。警戒心が強い
- □ 集中できない
- □ 集団に入れない。他児とかかわれない(幼児)
- □ 保護者がいると、顔色をうかがっているが、一度離れるとまったく無関心
- □ 身体接触をいやがる
（抱こうとすると逃げる、抱き上げると身を硬くする、おむつを替えようとしたり着替えをさせようとすると怖がる　など）
- □ 奇妙な「よい子」
（こちらの期待どおりに行動しようとする、必要以上にほかの子の世話をしようとする）
- □ 接触の機会を重ねても関係が深まらない
- □ 他児に対して乱暴。
ささいなことでも他児に対してしつように攻撃する
- □ 虫や小動物を殺したり、いじめたりする
- □ 転んだりけがをしたりしても泣かない。助けを求めない
- □ 一度はめをはずすととめどがなく、コントロールがきかない
- □ 食事やおやつをむさぼるように食べる。
または人から隠すようにして食べる
- □ 保育者を試したり、独占しようとし、他児を排斥しようとする
- □ 登園せず、連絡もない

初期対応の流れ

虐待ケースの対応は、児童相談所が中心になって行いますが、日々親子にかかわる幼稚園・保育園は、特に初期対応においてとても重要な役割を担っています。まず、「保護者をサポートし、虐待を未然に防ぐ」という予防的かかわり。保護者が無意識に行っていることが不適切なかかわりになる場合があるので注意が必要です。例えば、いまだに残っている「たたいてしつける」ことを親の役割とする考え、「謙そんが美徳」という思いから、「うちの子は何をやってもだめなんです」と、セルフエスティームが下がることを子どもの前で言うこと、これらが「子どもの成長に害を及ぼす」ことがあります。その感覚を保護者が持てるよう、保育者が知らせていくこともたいせつです。

そしてもうひとつ、「親子の気になるようすをキャッチして、早期に的確な対応を行う」ことも、保育者としてとても重要な役割です。虐待は通告の義務があり、それがまちがいでも通告者が責められることはありません。気になるようすが見られたときに適切な対応ができるよう、次に示した初期対応の流れを確認しておきましょう。

保育所・幼稚園

虐待の疑い → 園長・主任などに相談

情報収集
●保育記録やその日のようすなどで現状を把握

園内検討・緊急会議

●情報やチェックリスト（104〜105ページ参照）などを参考に、緊急性や他機関の協力の必要性の有無を判断。

→ **緊急性は？**

なし → **機関協力の必要性は？**

なし → **当面の方針決定**

●施設長の判断により、園内でしばらくようすを見るということになった場合、今後そのケースにどのように対応していくか、保育者間の連携や各職員の対応など、十分話し合って共通理解しておく。

↔ **ケースネットワーク**

●各事例に応じた関係機関が連携して、虐待ケースに対応していくネットワーク。児童福祉司、保健師、民生委員、保育者、医師などがそれぞれの専門性を生かしながら、チームとして連携をとり、必要に応じて会議を開いたり、迅速に対応できるような体制を整えておく。

↔ **園内のサポート**

●緊急性が低く通園が続けられる場合、園は関連機関と連携しながら、その親子をサポートしていく。状況によっては再通告することもある。

あり　あり ↓

通告（相談）

地域ごとに担当の児童相談所がある。事前にその連絡先（夜間、休日の連絡先も含めて）を、電話のそばに掲示しておくとよい。

緊急受理会議

通告の段階で知りえた情報をもとに、初期対応を検討する。

訪問調査

児童相談所がその通告者や関連機関対象に行う実態把握のための調査。

※調査の後、それぞれのケースに合わせた対応が行われる。

児童相談所

地域の日常的サポートネットワーク

虐待問題の啓発活動も含め、日常的に行う関係機関の連絡の場。

・参加機関（例）
児童相談所、福祉事務所、市区町村福祉主管課、民生委員・児童委員、保育所、児童館、養護施設、乳児院、保健所、医療機関、幼稚園、小・中・高等学校、教育委員会、教育相談所（室）、警察署、家庭裁判所、弁護士会、法務局、子どもの虐待防止センターなど

※出典…『見過ごさないで！　子どもたちのSOS』（学習研究社）

Type 6

園や保育者へのクレームが多い

園や保育者に対して、クレームや一方的な注文が多いタイプで、保育者が「かかわりづらい」と感じる保護者です。

クレームに隠れた背景を知ろう

保育者は、このような保護者に対して、苦手意識が先に来てしまい、保護者をサポートすることまで考えが及びにくいかもしれません。なかでも保育者からよく聞くケースのひとつに、「(あなたには) 子どもがいないからわからないでしょ」と言う保護者がいます。こう言われてしまうと、若く経験の浅い保育者などは、どう対応すればよいのかわからず、コミュニケーションもとりづらくなってしまいます。

ただ、こういったようすを示すには、なんらかの原因があります。本人が言っているクレームや注文とは別のところで、ストレスを抱えていることも多く、その余裕のなさが、外への攻撃的な態度として表れてしまうこともあるようです。

例えば、子育てについて、「お子さんのためにも○○してください」など、指導的な口調で言ったことがないでしょうか。そのとき、相手の保護者がストレス状態にあって余裕がなければ、保育者の話を受け止めることができません。人によっては、「あなたに、そんなことを言われたくない」と思い、相手を攻撃する姿として表れることもあるのです。特にセルフエスティームが低くなっている人ほど、批判的なことを言う傾向があります。

保護者が言いたいことをすべて聞く

こういった場合、保護者は、直接その保育者に言うより、園長や主任など別の保育者に話すことが多いようです。その際、話を聞いた保育者が、「○○は子どもがいないけれど、専門性を持って……」などと擁護するようなことを言うと、保護者の気持ちの行きどころがなく、かえって溝を深めてしまいます。

まずは、いたらない点があったことを謝り、具体的にどの対応がいけなかったのか、じっくり話を聞くことがだいじです。苦情を言われた保育者もいっしょに話を聞けるとよいのですが、保護者側の要望で、同席が難しいこともあります。その場合でも、本人のまったく知らないところで話が進むということがないよう、保護者とのやりとりは必ず伝え、情報を共有するようにしましょう。

「ほんとうの思い」が語られたら

保護者の話をしっかり受け止めていると、しだいに、根底にある、ほんとうのストレスの原因や、やりたいことが明確になってきます。そうすると、実は、「子どもの将来が心配」「みんなから、だめな親と思われているのでは」といった「保護者が自分で作り出している不安」が原因だったという場合もあり、そのことが心にストンと落ちると、保護者は直接的に悩みを相談できるようになります。そしてストレスをクレームに変化させる必要がなくなると、しだいに、苦情もなくなっていきます。

ただ、「あなたにはわからない」と言う保護者の中には、きちんとした理由のもとに、ほかの保育者の対応を望んでいる場合もあります。例えば、障がいのある子どもの問題など、専門性を求められ、自分だけでは対応が難しいと感じられるときは、ベテラン保育者といっしょに話を聞いたり、巡回指導を活用したり、周囲に協力を仰ぎながら十分な対応ができる態勢を考えましょう。

Point

- 保護者のほんとうの気持ち、願いを聴く
- 保護者が自分で作り出している不安などがないか、考える
- 1人で抱え込まず、園内で協力態勢を作って、情報を共有する

+α 解説

保護者の発達障がい

大人の発達障がいについて、一般的にはあまり認識されていませんが、園の保護者の中にも、この問題を抱えている人がいる場合があります。保護者支援のひとつの視点として、大人の発達障がいについて理解しておきましょう。

「かかわりづらい」と感じたら

「園からのお知らせや、提出物を頻繁に忘れる」

「遅刻が多い」

「場違いな発言が多かったり、人が傷つくようなことを平気で言ったりする」

このような保護者への対応に悩んでいる保育者が意外と多いようです。


　保育の現場で、子どもの発達障がいについてはだいぶ意識が高まってきましたが、大人の発達障がいについては、まだあまり知られていないのが現状。しかし、保育者が「かかわりづらい」と感じる保護者の中には、自身がこの問題を抱えているケースが少なくありません。メンタル面のケアを行ってもまったく変化がないという場合、一度、発達障がいという視点でとらえてみる必要もあるかもしれません。

　とはいっても、いきなり診断を勧めるということではありません。保護者にある特性を理解してかかわることが、保育者として重要なサポート。発達障がいによって生じる「生活のしにくさ」は、周囲のサポートや環境のくふうによって軽減できます。

かかわるうえでのポイントとしては、

- **相手に悪気がないことを忘れない**
- **相手の得意な面を理解し、強化する**
- **相手が苦手な面については、どうしたら困難が減少するかをいっしょに考える**

この3点です。

特性に合わせたかかわりのくふう

具体的な支援は、発達障がいのある子どもへの対応と基本は同じ。本人が何に困っているかを知り、それに合わせて環境やかかわりかたをくふうすることです。

例えば、ＡＤＨＤの注意散漫という症状があると、お知らせした行事の日程を忘れてしまうことがあります。このような場合、園のおたよりを渡すだけでは不十分かもしれません。ひと目でわかるように、書面の日時のところにアンダーラインを引く、一度連絡をしたとしても必ず直前にもお知らせをする、メールを活用するなど、相手の苦手な部分に合わせた「思い出すくふう」を考えます。また、遅刻が多いという場合、保護者の「段取りがうまくいかない」という特性から、朝のしたくに手間取っていることも考えられます。このようなときは、やることの優先順位を考えたうえで、朝のしたくの手順を書き出してはっておくように勧めてみましょう。目で見て確認しながら進められるので、わかりやすくなります。

さらに、広汎性発達障がいの症状には、社会性やコミュニケーションの困難さがあります。このような傾向が保護者にある場合、「かかわりづらい人」ととらえられているかもしれません。

○▲さん、
お兄ちゃんのときは
どうされてました？

例えば、ことば以外のメッセージを理解しにくいため、その場の状況を察して行動することができず、保護者会活動などでは、「気がきかない」と思われてしまうことがあります。そんなときは、保育者が「いすを3列に並べてください」など、具体的に指示を出すようにします。わざと何もやらないわけではないので、するべきことが明確になれば、しっかり役割を果たします。すると周囲の評価も高まり、本人も活動に参加しやすくなるでしょう。

また、懇談会などの際、1人で延々と話し続け、ほかの保護者からひんしゅくを買ってしまうことがあります。このようなときは保育者が、その保護者が答えられそうな内容を具体的な質問形式で尋ねてみるとよいでしょう。そしてころあいをみて話を区切り、「○○さんの意見、とても参考になりました。ありがとうございました」などことばを添えると、周囲から見たその保護者の印象もよくなります。

親子いっしょに支援する

そのほか、子どもに気になるようすが見られ、園と家庭と連携して対応を考えたいというときも、保護者に発達障がいがあるとうまく進まないことがあります。

例えば、「整理が苦手」という特性が親子ともにあるとき、保護者が子どもに片づけかたを教えられない、ということがあります。この場合、「定位置を決めて元に戻す」という基本を親子で身に付けられるようなサポートが必要。保育者は、「持ち物リスト」を作って、出かける前に1つずつチェックするといった具体的な方法を伝え、実行してもらうようにするとよいでしょう。

このように、子どもへの対応を行っているうち、保護者自身、「自分にも同じ傾向

があるのでは?」と気づくことがあります。わが子のことで、本を読んだり専門家に話を聞いたりする機会が増え、そこで知った障がいの症状や特性などが、自分にも当てはまり、「自分もそうかもしれない」と思うケースが意外に多いのです。そして、自分にある特性に気づいた保護者の中には、保育者に相談を持ちかける人もいます。その際、専門機関を紹介するというのもひとつの方法でしょう。しかし、大人の発達障がいの診断を行うのは専門家でも難しいことです。なぜなら、診断には発達段階に基づいた判断が求められますが、大人の場合、その発達過程（特に7歳以前の状況）の正確かつ客観的な情報を得るのは、非常に難しいということがあるからです。保育者としては、診断名にこだわらず、その人の特性を知ったうえで十分に話を聴き、適切なかかわりを保護者といっしょに考えていく、という姿勢をたいせつにしてください。

二次的障がいが出ている場合

発達障がいは、わかりにくく周囲からの誤解や叱責を受けやすいものです。本人がいろいろなくふうをし、個性や特性の範ちゅうに入る場合もありますが、大人の場合、つらい経験の積み重ねから、自律神経の乱れ、うつ、摂食障がいなど二次的障がいが出ているケースが非常に多くあります。実際、発達障がいという視点ではなく、この二次的な症状の改善のために、精神科を受診することのほうが圧倒的に多いのです。しかし、二次的とはいえ、その症状で苦しんでいるのは事実ですから、障がいの診断に固執するより、今、表れているメンタル面のケアを、考えてください。重要なのは、日常生活での支障を、単なるわがまま、自己中心的ととらえず、「保護者自身も困っているのでは?」という視点でとらえることです。

Type 7

特定の保育者に依存する

特定の保育者ひとりに頼り、相談を持ちかける保護者がいます。「先生にだけ言います」「だれにも言わないで」と言うこともあります。

園全体で見ていることを強調して

このように頼られると、保育者は「自分がなんとかしなくては」と思い、ついひとりで抱え込んでしまいます。しかし、それで深みにはまってしまうと、後で取り返しのつかないことになる場合があります。「あなたにだけ」などと言われた場合、まずは冷静になることがたいせつです。

そもそも、なぜ、自分にだけ言うのかを考えてみてください。ほかの保育者に知られてはまずいことがあるのかもしれませんし、保育者を引きつけておきたい、という気持ちからなのかもしれません。

まず、「わたしを信頼してくださって非常にありがたい」と伝えたうえで、「わたしひとりでお子さんを見ているわけではないので、ほかの保育者も知っておいたほうがいいと思います。いかがですか？」と聞いてみます。どんな内容でも、ひとりで抱え込まないのが基本です。園全体で子どもを見ているということを強調し、最低もう1人「この人なら言ってもいい」と思える保育者を、保護者に挙げてもらうようにしてもよいでしょう。

ぜったい秘密よ
ほかの保育者も知っていたほうがいいかもしれませんね

一定のルールを持って話を聞く

このように持ちかけても、「絶対にほかの人には言わないで」という保護者もいます。そのようなときは、十分話を聞いたうえで、少し時間をかけてもだいじょうぶそうな内容であれば、そのまましばらくようすをみます。実際、家庭での不満など、ため込んでいる思いを聞いてもらえただけで、ストレスが発散できたというケースも少なくありません。ただ、落ち着くまでしばらくは、頻繁に声をかけてくると思うので、プライベートの時間での相談は受けないなど、一定のルールは作っておきましょう。そうしないと、保育者が疲労困ぱいしてしまいます。

専門的な対応が必要なケースも

このように特定の保育者に依存してくる保護者の中には、パーソナリティ（人格）障がいなど、保護者自身がメンタル的な問題を抱えていることがあります。この場合は、1人の保育者では支えきれないので、早いうちに専門家につなぐようにしましょう。

ただ、そのような傾向がある保護者かどうか、すぐには判断できないかもしれませんし、決めつけは禁物です。次ページに医学的な見地も含めて、特徴や対応のポイントを紹介したので、参考にしてみてください。

そして、こういった障がいの知識も踏まえたうえで、園内でよく話し合い、「保育者個人の電話番号は教えない」「保護者からの相談は必ず報告する」など、保護者対応に関して統一したルールを作っておきましょう。

また、保育者ひとりで抱え込まないためにも、「何事も園全体で情報を共有して対応する」ということを、園の方針として、入園式のときなど初めに伝えるのもよいでしょう。

Point

- 保護者には、何事も園全体で対応するという姿勢を知らせ、決してひとりで抱え込まない
- 園全体で、保護者対応のルールを決めておく
- 保護者自身のメンタル的な問題も視野に入れて考える

+α 解説

知っておこう パーソナリティ障がい

type7のように、ひとりの保育者だけに過剰に依存してくるような場合、パーソナリティ障がいが関係していることがあります。その場合、ひとりで抱え込むと結果的に相手にもよくないことがあるので、この「パーソナリティ障がい」について、よく知っておくことがだいじです。

※パーソナリティ障がいより、「人格障がい」という名称が一般的ですが、「人格」ということばを使うことで「人間としてなっていない」という強い否定感を抱かせるため、最近では、偏見を避けるためにも「パーソナリティ(機能)障がい」と呼ぶようになっています。

境界性パーソナリティ障がい・診断の目安

「パーソナリティ」とは、単に「性格」というだけでなく、ほかの人や周囲のできごととどのように向き合い、かかわっていくかなど、その人の行動パターンすべてを表します。そして、外部とかかわるうえで、パーソナリティがうまく機能せず、社会に不適応を起こす状態が「パーソナリティ障がい」です。

パーソナリティ障がいには、いろいろな種類があり、その分類法もさまざまですが、ここでは特に保育者が出会う可能性がいちばん高いと思われる「境界性パーソナリティ障がい」について解説します。

この障がいは、三対一の割合で女性に多く、年齢のピークは、20~30歳代です。そして、診断の目安となる主な特徴は、「見捨てられ不安」「分裂」「問題行動」の3つです。

●パーソナリティ障がいの主な特徴

●見捨てられ不安

3つの特徴の中でもっとも大きなもので、「周囲の人から見捨てられるのではないか」という強い不安感のことを言います。これは、幼いころからの「親に見捨てられるのではないか」という強い不安からくるのが一般的です。

実際に、ネグレクトなど虐待の問題がなくても不安が強く、小さいころから、親に見捨てられないようにと「よい子の仮面」をかぶっています。しかし成長するにつれ、よい子にしているだけでは解決できない問題が出てきたとき、幼いころの「見捨てられ不安」がどっとあふれ出して、激しい感情を引き起こすのです。

親しい人との別れ、友人とのけんか、約束を破られた、といったことがきっかけとなることが多いのですが、特にきっかけとなるできごとがなくても、突然不安感に襲われることもあります。

●分裂（スプリット）

自分の中に、両極端な考えかたや行動を示す自分がいて、ふだんは「よい自分」でいますが、ふとした拍子に「悪い自分」が出てきます。悲しみや苦しみを感じたとき、それに立ち向かうために「悪い自分」が出てくるのですが、その変わりかたが激しいため、周囲は驚いてしまいます。

また、相手を「いい人」だと感じたときは、全幅の信頼を寄せ依存しますが、同じ人に対してでも、自分に否定的だと思うと、とたんに「いやな人」とみなし、拒絶したり、攻撃したりします。

●問題行動

激しい感情にかられて、衝動的に問題行動を起こすことがあり、しばしば周囲が巻き込まれてしまいます。この感情の源は「見捨てられ不安」ですが、リストカット、薬物依存、過食、暴力、など、自傷行為や破壊的行為が見られます。

また、自分を受け入れてくれる人に相談を持ちかけたかと思うと、悪いうわさを流して周囲の人間関係を壊そうとすることもあります。落ち込んだようすで相談してくるので、「ほうっておけない」と周囲の人に感じさせます。

決してひとりで抱え込まない

保育者が直面しがちなのは、この障がいのある母親に依存されるケース。つらそうな表情で、「あなたにしか相談できないのです」と言われると、保育者は、「わたしがなんとかしてあげなくては」と思ってしまいがちです。そして、親身になると、全幅の信頼を寄せられ、賞賛されるため、頼られたほうは悪い気がしないのも事実です。しかし、こうした関係を続け、ひとりで抱え込むのには、限界があります。いつしか保育者の私生活にまで影響を与えるレベルになり、支えきれなくなったとき、相手にさらなる「見捨てられ不安」を抱かせてしまうかもしれません。

最初から、節度ある付き合いを徹底するほうが、長い目で見て相手のためになるということを知っておいてください。

できないことは、はっきりと断る

対応のポイントは、できることとできないことを区別し、適度な距離を保つことです。

日ごろから、自分のできる範囲を明確にしておき、それを超える場合は、はっきりと「できない」と断りましょう。頼られて、毎晩のように自宅に長電話がかかってくる、というケースもよく聞きます。園の方針もあるかもしれませんが、相談にのる場所は園だけにし、自宅の電話などは教えないといった、ルールを決めておくとよいかもしれません。また、帰り際の忙しいときに、決まって声をかけてくるということも

先生聞いてください！
○○さんったら…
きのうと
話が違う…？

多いようです。そんなときは、「20分くらいならお話をうかがえますが」などと、あらかじめ伝えてから話を聞くようにしましょう。

相手のペースに流されないように

また、話を聞く際には、相手のペースに流されないように気をつけます。かといって、いい加減に聞いていると、相手は敏感に察知しますので、「聞き流さず、真に受けすぎない」のがポイントです。

時に話のつじつまが合わないことがあるかもしれませんが、そのことを追及しないほうがよいでしょう。同僚の保育者や同じクラスの保護者について、悪いうわさを話されたようなときは、直接本人に確認するなど、すぐに真に受けないように気をつけましょう。そのためにも、日ごろからの園内での情報交換、協力態勢が重要です。

いずれにしても、もしパーソナリティ障がいのある保護者だとしたら、一保育者が抱え込むのは危険です。保育者が親身になりすぎて、共倒れするケースも多く報告されています。

日ごろから、どの保護者に対しても適度な距離を保ち、節度ある付き合いを心がけましょう。ちょっと気になるケースに出会ったときは、園長などほかの保育者に相談し、場合によっては専門家につなげることも考えます。幼稚園・保育園の場合は、まず保健所や保健センターなどに相談を持ちかけるとよいでしょう。

※ 参考文献…『パーソナリティ障害(人格障害)のことがよくわかる本』監修／市橋秀夫(講談社)

保護者の声

筆者はさまざまなところで、主に母親を対象とした『親子学習会（ペアレントトレーニング）』を行っています。そこで、「子どもの行動分析」や「ストレスマネジメント」などについて実際に学んだ、参加者の感想の一部を紹介します。

子どものことばの理解度に、自分を合わせることを心がけるようになりました。

子どものことばはまだ少ないので、何を伝えたいのかを理解するのは難しいのですが、わたし自身が子どもに伝わりやすいことばを見つけ、伝えかたをくふうしながら、今後接していきたいと思います。

セルフエスティームのたいせつさを実感しました。

しかる前に子どものようすをよく観察して、しかるのではなく教えられるようになりたいと思いました。そして、子どもだけでなく自分や夫のセルフエスティームも高めていくことが、子どもにとってもプラスになることを知りました。

褒める場面を、意識して増やすようになりました。

これまで、何でもわたしがやってしまっていましたが、子どもがやりたそうにしているお手伝いは任せるなど、子どもが「できた！」と実感できる機会を意識するようになりました。

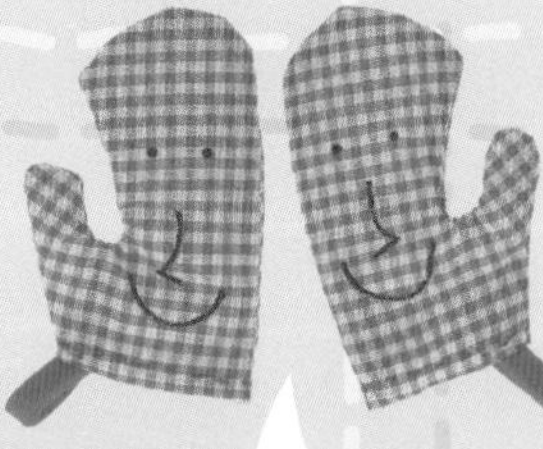

子どもの特性は、それぞれ違うことを知りました。

ほかの子と比べてどうこうではなく、まず、自分の子どもの今の姿を理解したいと思います。そして、子どもが「できない」のではなく「がんばってるんだ」ということを受け止めて、少しずつでも達成感が味わえるようにサポートしていきたいと思います。

子どもとのコミュニケーションのとりかたが、少し変わってきました。

これまで多かった、
母：「なんで○○しないの！」
子：「だって～」
母：「だってじゃないでしょ！」
というやりとりがなくなっただけでも、ずいぶんストレス軽減になりました。

接しかたを変えると、少し子どもの姿が変わってきました。

落ち着きがないわが子ですが、なるべく1対1でじっくりかかわる「スペシャルタイム」を作ることで、ひとりでかってに動き回ることが減り、早寝早起きの習慣もついてきました。とはいえ、注意してもまた同じことを繰り返すこともあります。そんなとき、しかるのではなく、「○○しようね」と、優しくことばをかけられるようになってきました。

少し気持ちが楽になりました。これまで育児に関して、とても「重荷」に感じていたことも、考えかたや見かたを変えることで「楽」になることを知り、いいぐあいに肩の力が抜けました。

監修者・執筆者プロフィール

監修・執筆 ● 高山恵子

NPO法人 えじそんくらぶ代表。臨床心理士。昭和大学薬学部卒業後、10年間学習塾を経営。その後、アメリカトリニティー大学大学院修士課程修了（幼児・児童教育専攻）、同大学院カウンセリング修士課程修了。帰国後、児童養護施設、養護学校を経て、現在、保健所での発達相談や保育園への巡回指導で臨床に携わる。専門は、ADHD児・者の教育とカウンセリング。教育関係者、保育者、ＰＴＡを対象としたセミナー講師としても活躍中。

文部科学省 中央教育審議会 特別支援教育専門部会専門委員
文部科学省 特別支援教育に関する作業部会委員、ガイドライン策定協力者
星槎《せいさ》大学非常勤講師
北海道大学大学院 子ども発達臨床研究センター研究員　ほか

執筆 ● 藤田晴美

社会福祉法人弥生福祉会 こでまり保育園地域子育て支援センター主任保育士（北海道帯広市）。堀口クリニック　臨時臨床保育士（北海道釧路市）。北海道立緑ヶ丘病院（精神科単科病院）で、児童外来や児童病棟、脳気質病棟の医療保育士として19年間勤務の後、平成15年より現職。子どもに障がいがある・ないにかかわらず、保護者に「今必要な情報・子どもへのかかわりかた」を伝え、子どもたちが「楽しい！」と感じて生活が送れるよう、地域の各関係機関と連携しながら取り組んでいる。

十勝ADHD&LD懇話会副代表
十勝自閉症児（者）地域支援研究会 事務局員
北海道子どもの虐待防止協会 十勝支部 運営委員

NPO法人
えじそんくらぶ

代表／高山恵子

ADHDの正しい理解の普及と、ADHDのある人々の支援を目ざす、日本最大の団体。ADHDを障がいとしてクローズアップするのではなく、豊かな個性のひとつとして、長所を伸ばし、弱点を克服できるように支援しています。

この分野で先端を行く海外からの最新情報の収集、会報誌の発行、セミナーの開催など、さまざまな活動を行っています。現在、えじそんくらぶの会は、全国14か所にあり、保護者をはじめ、保育・福祉・医療・教育・心理関係者や学生なども参加し、アスペルガー症候群までを含めたトピックについて情報提供しています。

また、ペアレントトレーニング（保護者向け講座）、指導者養成、懇親会、公開講座、電話相談（有料）等の詳細はホームページなどでお知らせしています。

連絡先

事務局住所：〒358-0003　埼玉県入間市豊岡1-1-1-924
FAX：04-2962-8683
ホームページ：http://www.e-club.jp/
E-mail：info@e-club.jp

※各支部の連絡先（電話、ホームページアドレスなど）は、ホームページで見ることができます。また、コピーフリーの冊子『実力を出しきれない子どもたち』『大人のADHDストーリー　～ADHDという名の贈り物～』もダウンロードできます。

staff

編集制作／小林留美

デザイン／長谷川由美・千葉匠子（オンサイド）

表紙・扉人形制作／出石直子

表紙・扉撮影／小林幹彦（彩虹舎）

本文イラスト／市川彰子　常永美弥　やまざきかおり

校閲／佐々木智子